Patrícia Cândido

Romance mediúnico pelo espírito Kangyur

O Caminho do Buscador

A Trilha do Bodhisattva

CB064237

Compre este livro e ganhe um BÔNUS ONLINE

Para ativar o seu bônus, acesse:
mestresespirituais.com.br/palestra

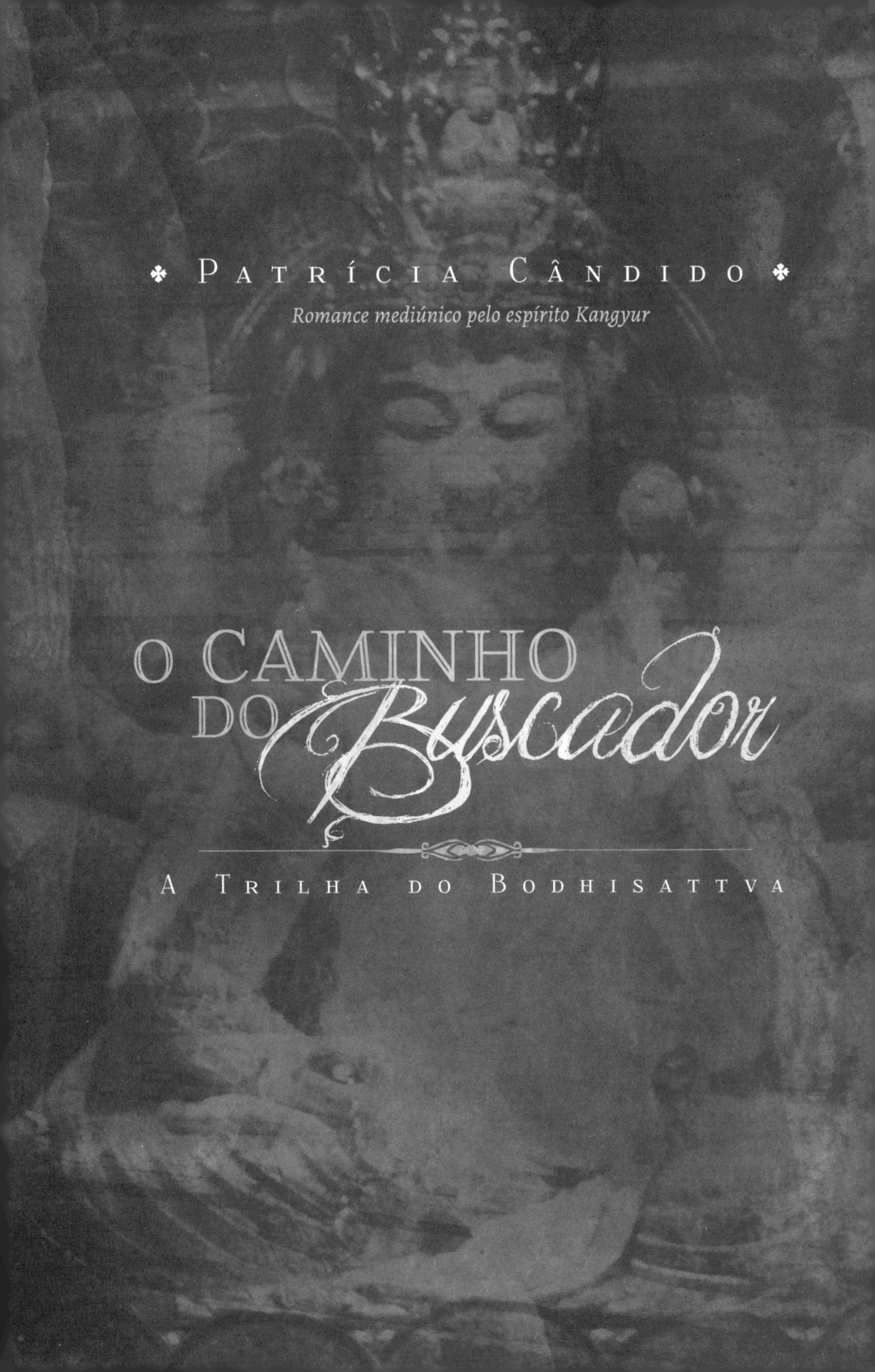

Patrícia Cândido

Romance mediúnico pelo espírito Kangyur

O Caminho do Buscador

A Trilha do Bodhisattva

Capa, Projeto Gráfico
e Editoração Eletrônica: Marina Avila
Revisão: Fernanda Regina Braga

Dados Internacionais de Catalogação na Publicação (CIP)
(Câmara Brasileira do Livro, SP, Brasil)

K16c Kangyur (Espírito)

O Caminho do Buscador: a trilha do Bodhisattva / Patrícia Cândido;

romance mediúnico pelo espírito Kangyur.

– Nova Petrópolis: Luz da Serra, 2012.

184 p.

ISBN 978-85-64463-13-4   CDU 82-312.2

---

1. Literatura: romance. 2. Crescimento espiritual.
I. Cândido, Patrícia. II. Título.
Catalogação na publicação: Vanessa I. de Souza CRB10/1468

Todos os direitos reservados à
Luz da Serra Editora Ltda.
Rua Rio Branco, 802
Bairro Logradouro – Nova Petrópolis/RS
CEP: 95.150-000
www.luzdaserra.com.br
editora@luzdaserra.com.br
Fone: (54) 3281-4097
Impresso no Brasil – 2016

✣ AGRADECIMENTOS ✣

Agradeço aos amigos espirituais que auxiliaram na condução desta obra e principalmente a Kangyur, que, com paciência, esperou o tempo certo e o momento ideal para que este livro fosse escrito.

Agradeço a todos os amigos, parceiros e colaboradores da Luz da Serra, que sempre me apoiam e incentivam quando penso em escrever uma nova obra.

Ao meu marido, Paulo Henrique, que está sempre ao meu lado.

Aos meus queridos amigos e irmãos Bruno e Aline, que sempre me ajudam em quase tudo.

Aos meus amados alunos, que mais me ensinam do que aprendem.

Aos leitores, que me auxiliam muito com seus elogios e suas críticas, para podermos sempre melhorar.

Quero fazer um agradecimento especial a duas queridas amigas, que possuem uma mediunidade muito apurada e que estavam conectadas o tempo inteiro com esta obra:

A artesã Cláudia Samara Barros, que materializou em uma máscara o rosto de Kangyur, dando forma a algo que só residia em minha mente.

A amiga Débora Quadros, que me enviou um poema de Kuthumi sobre as árvores no dia em que eu escrevia sobre elas.

Agradeço também à minha família terrena, por ter permitido que eu estivesse aqui.

Sumário

10   PREFÁCIO DA AUTORA

CAPÍTULO I
14   O MOMENTO MAIS DIFÍCIL

CAPÍTULO II
18   CHEGANDO A ESTE MUNDO

CAPÍTULO III
24   A CASA DA RAVINA

CAPÍTULO IV
30   OS ENSINAMENTOS NO MOSTEIRO

CAPÍTULO V
50   A MEDITAÇÃO DO SOL POENTE

CAPÍTULO VI
58   PÃ E A VERDADEIRA NATUREZA

CAPÍTULO VII
74   VIVENDO MAHAKARUNA

CAPÍTULO VIII
88   O FILÓSOFO

CAPÍTULO IX
102   SERINA E A CARAVANA

CAPÍTULO X
120   OS MAHATMAS

CAPÍTULO XI
134   AS ARMADILHAS DOS SENTIDOS

CAPÍTULO XII
150   OS YOGUES

CAPÍTULO XIII
160   OS GUARDIÕES DA CIDADE SAGRADA

168   BIBLIOGRAFIA

✣ PREFÁCIO DA AUTORA ✣

Anos atrás eu participava de um processo meditativo quando em minha mente surgiu um menino curioso, de orelhas grandes e olhos puxados, que ficava espionando uma casa em uma ravina, em um lugar de paisagens paradisíacas. Essa visão começou a tornar-se recorrente, principalmente na época em que eu escrevia o livro *Grandes mestres da humanidade*, quando surgiram os capítulos que falavam sobre El Morya, Kuthumi, Helena Blavatsky, Saint Germain e Hilarion. Sempre que eu escrevia sobre eles, a imagem do menino vinha à minha mente.

O tempo foi passando e, de vez em quando, em sonhos ou meditações, lá estava ele, como se quisesse me dizer algo.

Entretanto, foi somente em 2012 que conseguimos estabelecer uma conexão completa para juntos escrevermos a história desse menino bodhisattva, que conseguiu iluminar-se em vida e que vive, até hoje, auxiliando no processo de transição que a Terra atravessa atualmente.

A história se passa no século XIX, entre Índia e Tibet, e mostra a saga de Kangyur, que ousou ouvir seus instintos e trilhar o caminho da iluminação.

Preparando-se através de várias vidas, com um treinamento rígido em um mosteiro budista, Kangyur teve a certeza da opção pelo mesmo caminho de Buddha.

Ser um bodhisattva é estar disposto a cumprir um juramento de amor, compaixão, luz e conexão com os princípios búdicos. Envolve outros juramentos, como o abandono da vaidade, da família, das paixões, e até o abandono de si mesmo para atingir a perfeição de fundir-se novamente com a Fonte Primordial e libertar-se da roda de renascimentos.

Kangyur enfrentou muitos desafios, mas, como era dedicado, inteligente e positivamente teimoso, conseguiu atingir seus objetivos búdicos.

O mais interessante deste romance canalizado é que Kangyur, assim como a borboleta que acaba de se transformar, deixa-nos uma inspiração de que também podemos alçar voos ousados em esferas mais sutis.

Ele nos dá a esperança de que também podemos nos iluminar.

Ele nos dá o caminho para a ascensão. Um caminho que – por que não? – pode também ser o nosso!

Embarque nessa história cheia de aventuras e desafios e ilumine-se!

Com amor,

Patricia.

CAPÍTULO I

✤ O MOMENTO MAIS DIFÍCIL ✤

NAQUELE EXATO MOMENTO, KANGYUR defrontava-se com o instante mais angustiante e difícil de sua vida. Depois de uma longa e árdua jornada em busca de sua iluminação, ali estava ele envolvido por três enormes tigres que o rondavam, andando em círculos.

Depois de todo o esforço, de toda a fome, a sede e de tantos aprendizados, tudo acabaria dessa forma? Ele sentia uma mistura de aflição, tristeza e decepção naqueles segundos em que os enormes animais o avaliavam, fitando-o profundamente com olhos famintos.

Ele não estava com medo, mas lamentava profundamente o fato de não ter conseguido chegar ao destino com que tanto sonhara, e em poucos segundos um filme passou pela sua cabeça e ele começou a recordar-se do momento em que tudo começou...

CAPÍTULO II

❖ CHEGANDO A ESTE MUNDO ❖

KANGYUR NASCEU NO SÉCULO XIX, em um pequeno vilarejo do Oriente onde os ensinamentos de dha eram largamente disseminados. Era o caçula de uma família de cinco filhos homens. Seus pais eram artesãos e comercializavam seus artefatos nesse vilarejo. Uma vida simples, permeada pelo amor e pelas virtudes budistas, era a daquele menino, que desde cedo demonstrava muito interesse pela espiritualidade.

Seu nome, Kangyur (pronuncia-se Kandiur), é o mesmo dado à coleção das escrituras sagradas que contém os ensinamentos de Buddha, e seu pai assim lhe chamou com o desejo de que o filho seguisse o caminho monástico.

Sua educação foi muito rígida, pois, além dos seus pais, Kangyur era "governado" por quatro irmãos mais velhos, que a todo tempo lhe diziam o que fazer, como agir e como se comportar.

Ele compreendia a lei do **carma**[1], sabia que sua alma

---
1 - Carma – Expressão originada do idioma sânscrito que literalmente significa "ação". Ações corretas e alinhadas com as leis universais geram carma bom; ações negativas e contrárias às leis universais geram carma ruim.

havia escolhido aquela família e a sua posição de caçula dentro dela, mas sonhava com o dia em que pudesse libertar-se e seguir seu caminho de forma livre, sem a influência das pessoas que estavam ao seu redor. Ele também compreendia que seus parentes se comportavam dessa forma por amor e para protegê-lo, mas muitas vezes sentia-se sufocado e sem autonomia para tomar suas próprias decisões. Essa sede de liberdade já começou a aparecer quando o garoto estava com apenas cinco anos de idade.

Aos sete anos, Kangyur começou a frequentar o templo próximo de sua casa para iniciar-se nas práticas meditativas; e ele amava a vida do Mosteiro. Ia sempre com seus irmãos e demonstrava grande facilidade para assimilar as práticas, como se sua alma já soubesse de todos esses ensinamentos.

Ele gostava da vida no vilarejo, mas dentro de si sentia que algo o chamava, e isso o inquietava. Por maior que fossem suas práticas meditativas, o garoto sabia que tinha uma missão maior, que não viera ao mundo à toa, e por isso queria descobrir logo o que o esperava.

Desde muito pequeno, Kangyur sonhava com pessoas muito diferentes daquelas com as quais convivia em sua comunidade. Ele era um típico menino oriental, de olhos puxados e orelhas com os lóbulos proeminentes, vistos como um sinal de iluminação dentro da tradição budista. Essas pessoas que apareciam em seus sonhos vestiam roupas brancas, eram louras, altas, de olhos claros, de um jeito que ele nunca tinha visto. Ele duvidava até que essas pessoas existissem de verdade. Nos sonhos, elas lhe passavam ensinamentos que ele não compreendia muito bem, pois sempre acordava assustado, muitas vezes chorando. Seus pais contavam-lhe histórias de pessoas diferentes, de lugares longínquos, com outros costumes, outras crenças, e ele ansiava por sair pelo mundo para conhecer outras pessoas, outras culturas e outros animais, embora na sua tradição se evitasse ao máximo o contato com culturas externas.

Algo dentro dele dizia que esse momento chegaria, e então continuou com seus estudos no Mosteiro, onde aprendia pacientemente sobre as tradições budistas e sobre a cultura do seu povo, além de estudar matemática, ciências, astronomia e história.

CAPÍTULO III

✤ A CASA DA RAVINA ✤

Kangyur sempre gostou de peregrinar, de andar sozinho pela natureza, onde podia interagir com as plantas e com os animais e escutar sons que muitas vezes não são audíveis para seres humanos normais. Na natureza, ele se sentia conectado com a mais alta espiritualidade. Certa vez, quando estava com dez anos, na volta para sua casa estava ele pensativo, sentindo algo diferente dentro de si. Durante o caminho, andando bem devagar, foi ficando para trás, longe de seus irmãos e dos outros meninos, quando avistou uma pequena casa, que ficava no alto de uma ravina. O mais impressionante é que provavelmente essa casa sempre estivera lá, mas ele nunca a havia visto. Como dizia Buddha, vivemos em um mundo de ilusão, com diversos níveis de realidade e que só podem ser percebidos de acordo com o grau de evolução da nossa consciência.

Finalmente sua consciência estava pronta para apreciar novas experiências. Naquela casa havia algo de mágico e misterioso e, a cada passo de Kangyur, uma mistura de emoção, tensão, curiosidade e felicidade gerava um mar de emoções. Ele não conseguia parar de caminhar na direção da casa – o lugar possuía um magnetismo que o atraía para lá.

Parecia que, naquele momento, toda a sua vida começava a fazer sentido. Surgia dentro dele a certeza de que aquele era o caminho. Um dos momentos mais importantes da sua vida havia chegado e era hora de descobrir o porquê.

O menino aproximou-se da casa e, por uma fresta da janela, observava atentamente tudo o que acontecia por lá.

Ele viu que quatro homens e um jovem rapaz reuniam-se em torno de uma mulher, que discursava inflamadamente sobre os rumos espirituais da humanidade.

Dois dos homens usavam turbante na cabeça e uma barba cerrada, espessa. Outro homem era fino e delicado, provavelmente de descendência europeia, como ele já ouvira nas histórias contadas pelos viajantes. O outro homem possuía um semblante firme e verdadeiro, olhos claros e usava roupas verdes. Ao centro, ela, uma senhora de cabelos ruivos que, embora se expressasse em outra língua, de forma mágica, Kangyur tudo compreendia. O jovem garoto era misterioso e Kangyur o conhecia, já o havia visto no Mosteiro.

O que seria aquela reunião de pessoas estranhas?

Por que ele estava ali?

Por que somente ele havia enxergado a casa?

O que estava acontecendo?

Em uma mistura de alegria, euforia, contentamento e emoção, Kangyur sabia que tinha muito que aprender com aquelas estranhas criaturas e que finalmente sua vida estava começando, ou pelo menos ele estava encontrando um sentido para ela...

Ele ficou ali por várias horas, contente e feliz, ouvindo histórias que falavam sobre ordens iniciáticas, magia, viagens da alma, espiritualidade, enfim, tudo aquilo que ele estava ávido por descobrir.

Então, todos os dias o garoto ia para lá e ficava escondido, aprendendo e absorvendo tudo o que podia, muitas vezes anotando algumas palavras que não conseguia entender. Era muito enriquecedor estar ali próximo daquelas pessoas que estranhamente ele reconhecia e que ele sabia: tinham um papel fundamental na transformação do mundo.

Uma das coisas que mais lhe chamaram a atenção na reunião foi a ideia de que poderia existir uma cidade de luz em uma dimensão paralela à Terra e que somente as almas mais purificadas tinham acesso ao portal que conduzia para esse abençoado lugar. Ouvira falar que naquele lugar só havia o bem, a verdade, a justiça e a paz e que esses eram valores comuns a todos que lá viviam, pois esses sentimentos eram o passaporte para o mundo superior. E, claro, em sua imaginação de criança, ele não pensava em outra coisa senão em ir para lá...

CAPÍTULO IV

✤ OS ENSINAMENTOS NO MOSTEIRO ✤
O PAPEL DO LAMA[2] DRONGPA

No Mosteiro, Kangyur vivia e praticava diariamente os ensinamentos de Buddha. Seu Lama chamava-se Drongpa e, apesar de uma postura rígida de educador e professor, ele era extremamente simpático ao menino, pois reconhecia nele as qualidades inerentes a um bodhisattva. O Lama observava as qualidades de Kangyur há bastante tempo e sentia que o garoto era esperto, inteligente, alegre, profundo, pacífico e com grande potencial espiritual.

Então, depois de sete anos de treinamento, havia chegado o momento de falar com o menino sobre isso. Drongpa sabia que Kangyur havia se purificado através de várias experiências de vidas passadas para que, na vida atual, se tornasse um caminhante de Buddha, ou seja, um bodhisattva, alguém com potencial para iluminar-se. No entanto, ele tinha de ser extremamente cauteloso para que o jovem não alimentasse com isso um sentimento de soberba

---

2 - Lama – Tem o mesmo significado de "professor". Dentro do mosteiro budista, é o responsável pelo treinamento dos novatos nos ensinamentos e na doutrina de Buddha.

e vaidade sobre os outros, pois entre ser um bodhisattva e se iluminar existe um grande abismo a ser vencido, o que inclui o domínio do medo e das paixões inferiores. O professor sentia-se seguro, pois sabia que Kangyur tinha um bom coração e que sua alma era límpida. Então, quando sentiu que estava na hora, ao amanhecer sentou-se com o menino à sombra de uma frondosa árvore para dialogar com ele.

Depois de uma longa meditação, quando estavam sentindo-se unidos à Energia da Fonte Primordial, Drongpa perguntou a Kangyur:

— E então, nobre discípulo, você sabe o que é um bodhisattva?

E Kangyur respondeu:

— Acredito que sim, Mestre.

— Então vamos lá, me diga o que você entende por bodhisattva.

— Bodhisattva é o termo utilizado para designar alguém que está em um caminho de ascensão rumo à sua iluminação. É alguém que segue os preceitos de Buddha, que tem consciência das quatro nobres verdades, da senda óctupla, enfim, alguém que abandona o que for preciso para libertar-se da ilusão e da fascinação causadas pela matéria, assim como Buddha fez no passado quando se iluminou.

— Muito bem, rapaz. Vejo que você compreende perfeitamente o sentimento de um bodhisattva. Mas vamos recapitular alguns ensinamentos: o que são as nobres verdades?

— Bem, Mestre, quando Buddha se iluminou, um dos

primeiros fatos de que ele teve consciência foram as quatro nobres verdades:

1) O SOFRIMENTO EXISTE;

2) SUA ORIGEM É O DESEJO;

3) SEM DESEJO NÃO HÁ SOFRIMENTO;

4) PODE-SE CHEGAR A ELIMINÁ-LO ATRAVÉS DA SENDA ÓCTUPLA.

A Senda Óctupla abrange oito verdades espirituais:

1) AÇÃO CORRETA;

2) VIDA CORRETA;

3) ESFORÇO CORRETO;

4) MENTE CORRETA;

5) CONCENTRAÇÃO CORRETA;

6) INTENÇÃO CORRETA;

7) VISÃO CORRETA;

8) PALAVRA CORRETA.

— Muito bem, Kangyur. Vejo que você conhece de cor os ensinamentos de Buddha. Então lhe pergunto o seguinte: você estaria disposto a que para tornar-se um bodhisattva?

— A qualquer coisa, Mestre. É o que mais quero nesta vida! Quero me libertar da roda de renascimentos, atingir a libertação, para conhecer a verdade que liberta, a verdadeira morada da minha alma, e não esta ilusão em que vivemos.

— Você estaria disposto a morrer por isso?

— Claro que sim. Como ensinou Buddha, nosso corpo físico é uma ilusão material, apenas um recipiente para que nossa alma possa desenvolver suas experiências e seus aprendizados. Acredito que morrer seja até relativamente fácil.

— Sim, jovem. Morrer é fácil. Difícil é viver uma vida inteira com foco nos princípios espirituais sem escorregar, sem se abalar, sem sofrer, desapegando-se da ilusão, das paixões inferiores e dos sentimentos obsessivos que corroem a nossa alma e a nossa existência.

— Mas para que essas perguntas, Mestre? Para testar meus conhecimentos?

— Sim, também, mas gostaria que você pensasse sobre isso. Sobre o que quer do seu futuro, aonde deseja chegar, qual é o seu propósito, a missão da sua alma. Afinal de contas, você está perto dos seus dezessete anos e é preciso pensar no assunto. Não estou aqui falando de uma profissão, pois você já ajuda seus pais e tem como se sustentar. Falo em objetivos búdicos, iluminativos, e do que podemos aproveitar durante esta existência atual para sorver dela tudo o que é possível em termos de aprendizado e evolução.

— Sim, Mestre. Vou pensar sobre o assunto.

Depois dessa conversa, Kangyur estava atônito, inquieto, pois não compreendeu profundamente o que seu Lama quis lhe dizer. Aonde ele estava querendo chegar? Será que era só um teste de conhecimentos? Será que o Mestre estava vendo algo além que ele mesmo não conseguia enxergar? Tudo ainda estava confuso, faltava-lhe clareza para compreender os novos rumos que sua vida tomaria. Ele sentia que algo grandioso estava para acontecer, mas não sabia claramente do que se tratava. E, mesmo com todo o seu conhecimento, tornava-se difícil controlar a ansiedade. Por mais que tentasse meditar, concentrar-se em **mantras**³ e ensinamentos, ele continuava agitado, até que, uma semana depois, o Mestre lhe chamou para que conversassem no mesmo lugar.

– Então, garoto, pensou em seu propósito, em sua missão de alma?
– Sim, Mestre, pensei.
Um silêncio se fez.
– Então me diga, garoto: o que você quer do seu futuro? O que a sua alma lhe diz? Qual a vontade dela?
– Mestre, haja o que houver, quero ser um bodhisattva. Quero me iluminar e chegar a um reino sutil que é paralelo à Terra, e quero morar lá com os outros seres iluminados. Nada sei sobre isso, não sei como fazer, não sei se é possível, nem imagino como farei, mas farei. Tenho muita certeza disso; é como se minha alma clamasse por isso.
– Veja, Kangyur: isso que você me diz é muito sério. Tem certeza de que pensou bem no assunto? Você ainda é muito jovem. Para trilhar a senda de um bodhisattva, é necessário abrir mão de quase tudo o que Maya pode lhe oferecer.
– Pensei, sim. É a vontade do meu ser.
– Veja bem, meu nobre rapaz: você mencionou anteriormente que gostaria de sutilizar sua energia para viver

---

3 - Mantra – Palavra originada do sânscrito, literalmente significa "controle da mente". Mantras são sons sagrados utilizados para conexão com esferas sagradas, para equilibrar e controlar nossos chacras e pensamentos.

em um mundo sutil. Como ficou sabendo disso se nunca comentei com você?

— Eu sei que esse lugar existe; já ouvi falar dele quando criança.

— Quem lhe falou?

— Um grupo de pessoas que estavam reunidas em uma casa na ravina perto de onde moro.

— Saudemos os Buddhas e os bodhisattvas! É muito difícil alguém enxergar a casa da ravina. Normalmente ela fica envolvida por uma névoa, ou disfarçada no meio das plantas. É preciso ter uma percepção espiritual aguçada para vê-la. Você esteve lá?

— Sim, Mestre. Sei que eu não devia, mas eu ficava espiando na janela, curioso, tentando compreender do que aquelas pessoas estranhas estavam tratando.

— Que ótimo, filho! Se você conseguiu chegar até lá, é porque teve merecimento e também porque eles permitiram. Essas pessoas estavam definindo os rumos espirituais da humanidade. Nós ficamos muito felizes e honrados pelo fato de essas pessoas de diversas partes do mundo reunirem-se aqui em nossa região para falarem de assuntos tão profundos.

— Então o senhor conheceu aquelas pessoas?

— Sim, tive a honra de conhecer a Sra. Blavatsky, os Mahatmas Morya e Kuthumi, o Conde de Saint-Germain e o Mestre Hilarion. E o garoto Djwhal Khul, você sabe, é nosso velho conhecido por aqui.

— Fale-me mais sobre eles, Mestre, por favor...

— Outra hora, filho, pois agora estamos aqui reunidos

para falar sobre um assunto urgente e muito importante. Em outra oportunidade lhe falo mais sobre essas maravilhosas e especiais pessoas. Eu nem poderia falar sobre eles, mas, como você mesmo os descobriu, não vejo problema em conversarmos sobre isso em outro momento.

– Sim, Mestre.

– Bem, meu jovem, vamos então retomar nosso assunto. Pelo que me lembro, você estava disposto a qualquer coisa para chegar a Shamballa, não é mesmo? Esse é o nome por que chamamos o lugar iluminado onde você sonha morar. É uma das moradas dos mestres e seres iluminados na Terra, e chegar até lá é o objetivo de muitos monges, que acabam perdendo-se pelo caminho por ainda não terem chegado a um patamar existencial ao ponto de abrir mão de tudo para essa conquista.

– Eu estou disposto a abrir mão de tudo, Mestre. Minha única vontade é praticar o **Dharma**[4] e agir em benefício de todos os seres!

– Ah, a juventude! Calma, rapaz, calma. Em primeiro lugar, você sabe quais são os votos de um bodhisattva?

– Não.

– Então precisamos estudar esses votos e examinar cautelosamente cada um deles para avaliar se realmente você está disposto a isso... São trinta e sete práticas ou votos. Vamos estudar um pouco por dia para que não se torne cansativo e para que você possa assimilar cada um deles e

---

4 - Dharma – Uma ação que é tomada em benefício de todos os seres vivos, com a intenção de que todos se iluminem e despertem, libertando-se do Samsara (roda de mortes e renascimentos).

verificar se é realmente isso o que a sua essência quer. Eu lhe passarei os ensinamentos sobre os primeiros dez votos. Os outros você terá de aprender sozinho.

– Tudo bem, Mestre.

– Hoje veremos as três primeiras práticas... A primeira prática de um bodhisattva é:

1) Agora que você obteve um corpo humano saudável, dotado de tantos recursos e liberdade, uma embarcação tão difícil de encontrar, para que você e os outros se libertem do Oceano do Samsara; ouvir, refletir e meditar sem distração, dia e noite, é a prática de um bodhisattva.

– O que você pensa sobre isso, Kangyur?

– Concordo com tudo, Mestre. Acho que, como o senhor mesmo já nos ensinou, somos muito virtuosos por termos recebido um corpo humano saudável para abrigarmos nossas almas, o que é muito improvável para uma alma que precisar reencarnar. Normalmente, as almas menos virtuosas reencarnam em reinos inferiores à Terra, onde há muito mais sofrimento e limitações. O simples fato de termos nascido no reino terreno já é motivo de grande alegria e contentamento, e reconhecer isso é fundamental para um bodhisattva. Ouvir, refletir e meditar sem distração é uma forma de conexão com o plano espiritual sutil, para que possamos manter a pureza de nosso coração, eliminando sentimentos densos advindos das paixões inferiores.

– Muito bem, rapaz! Vamos então à prática número dois:

2) O desejo por amigos espuma como água, a raiva pelos inimigos queima como o fogo. Na escuridão da estupidez, você se esquece do que adotar e do que rejeitar. A prática de um bodhisattva é abandonar sua terra natal.

— E então, por que um bodhisattva abandona sua terra natal?
— Muito bem, Mestre, acredito que seja para que ele consiga descontaminar-se das crenças causadas pela sua educação, pelos valores que lhe foram passados através das gerações de sua família, de seus amigos e de outras pessoas. Quando um bodhisattva abandona sua terra natal, ele se descaracteriza, deixa de ser conhecido pelas outras pessoas, deixa de ser quem sempre foi, pois precisará reconstruir-se e rever seus princípios e valores, baseando-se em seu eu interior, em suas verdades internas, ou seja, naquilo que está armazenado em sua alma. Assim, começam a acontecer a dissolução do ego e a purificação das emoções inferiores. Mesmo que haja a saudade da família, dos amigos e mesmo do Mestre, que nos traz segurança e proteção, crescemos com essa situação, pois temos que aprender a viver longe daquilo que nos traz conforto, e nisso consiste a verdadeira liberdade, em dominar e vencer as ilusões da matéria.

O Lama Drongpa estava internamente muito feliz, pois percebia que Kangyur compreendia muito bem os conceitos que envolviam a trilha de um bodhisattva e que ele poderia tranquilamente percorrer esse caminho, mas não falou isso ao garoto, pois o professor já havia depositado muitas expectativas em outros alunos que acabaram se perdendo pelo caminho e caindo novamente na ilusão. Então, com Kangyur, ele precisaria ter mais cautela, pois o papel do Lama é fundamental para o sucesso encarnatório do discípulo.

– Muito bem, nobre discípulo. Vejo que, utilizando os ensinamentos de Buddha, você compreende muito bem os conceitos. Mas lembre-se sempre do que vou lhe dizer agora. Na prática, as coisas são bem diferentes. Nós conseguimos compreender com a mente e o coração alinhados à Fonte, aqui dentro do Mosteiro, bem alimentados. Mas a nossa paz precisa manter-se intacta até nas condições mais adversas. E, em situações de fome, pobreza, sede, frio, muitas vezes os instintos nos dominam e não conseguimos colocar nossas vontades em prática. E então, o que você tem a dizer sobre isso?

– Veja, Mestre: eu não posso garantir com toda a certeza que eu não vá errar ou deslizar em algum instante, até porque seria arrogância da minha parte, mas vou fazer de tudo para ser um bodhisattva. É algo que minha alma precisa experimentar. Na prática, quando eu deixar esse povoado para encontrar o portal para Shamballa, eu não sei como será, mas eu quero muito essa conquista, e esse objetivo é muito firme dentro de mim. É uma espécie de motivação interna.

Aos olhos do Mestre, Kangyur sentia confiança para seguir em frente.

– Vamos então a terceira prática, menino:

3) Abandonando lugares negativos, emoções perturbadoras diminuem gradualmente. Sem distrações, as atividades virtuosas aumentam naturalmente. Quando a mente se torna clara, a certeza no Dharma é nascida. Permanecer em solidão é a prática de um bodhisattva.

– Por que um bodhisattva deve permanecer sozinho, Kangyur?

O menino pensou por uns cinco minutos e então respondeu a Drongpa:

– Mestre, conforme aprendi com o senhor, uma vida inteira aqui na Terra equivale a um dia de aula se comparado ao nosso planejamento evolutivo de tantas existências. E, se uma vida terrena é apenas um dia de aula, precisamos de disponibilidade e concentração para captarmos todos os ensinamentos possíveis, evitando as distrações que nos levam a um caminho de ilusão. Quando estamos rodeados de pessoas, é mais fácil sermos influenciados por elas e cairmos em emoções perturbadoras; por isso, quanto mais solitário, mais perto da iluminação o discípulo chega, pelo simples fato de ter de administrar suas emoções sozinho, enfrentar medos, inseguranças e outros sentimentos densos, podendo contar somente com sua própria alma como companhia.

– Muito bem, menino! Concentre-se e pratique esses

ensinamentos e na próxima semana nos encontraremos novamente para outros aprendizados.

Nos encontros seguintes, Kangyur e Drongpa debateram longamente até a décima prática e, teoricamente, o garoto compreendeu tudo de forma muito clara. A seguir são apresentadas as práticas do bodhisattva, da número quatro até a número dez.

4) Velhos amigos e parentes irão dispersar. Posses materiais ganhas pelo esforço serão deixadas para trás. Como um hóspede deixando a hospedaria, a consciência deixará o corpo. Abrir mão do apego a essa vida é a prática de um bodhisattva.

5) Quando a amizade com alguém faz seus três venenos da mente (arrogância, ódio e ignorância) aumentarem, degrada suas atividades de ouvir, refletir e meditar. Isso destrói sua bondade amorosa e compaixão. Desassociar-se de tal prática negativa é a prática de um bodhisattva.

6) Quando se confia em alguém e seus defeitos minguam, e suas qualidades aumentam como a lua crescente, venerar tal amigo virtuoso mais do que o próprio corpo é a prática de um bodhisattva.

7) Amarrando a si mesmos na prisão do Samsara, a quem os deuses mundanos podem proteger? Então, buscar

refúgio nas Três Raras e Sublimes Joias que esclarecem todo o erro é a prática de um bodhisattva. As Três Joias são:

A) Buddha ou a natureza búdica – iluminação;

B) Dharma – a ação que é tomada em benefício de todos os seres;

C) Sangha – é a comunidade budista, a egrégora que fortalece o iniciado.

8) O sofrimento dos reinos inferiores, tão difícil de suportar, é o resultado de ações negativas, assim ensinou o Buddha. Então, mesmo que custe a sua vida, nunca cometer ações negativas é a prática de um bodhisattva.

9) Como o orvalho na ponta de uma folha de grama, a felicidade nos três reinos evapora em um único instante. Esforçar-se para o estado supremo de liberação que nunca muda é a prática de um bodhisattva.

10) Desde os tempos sem princípio, suas mães têm cuidado de você. Se agora elas sofrem, quão boa é a sua própria felicidade? Então, para libertar ilimitados seres sencientes, despertar a Bodhicitta é a prática de um bodhisattva.

Bodhicitta: é a intenção de atingir o estado de Buddha onisciente o mais rápido possível, para que se possa beneficiar infinitos seres sencientes. Aquele que tem bodhicitta como a principal motivação para todas as atividades dele ou dela é chamado de bodhisattva.

Bodhicitta é a união de compaixão e sabedoria. Este

é um desenvolvimento do conceito de mente iluminada. Significa também o objetivo de, por um lado, trazer a felicidade a todos os seres sencientes e, por outro lado, aliviá-los do sofrimento.

A Bodhicitta, em seu sentido mais completo, seria a combinação de dois fatores:

» o surgimento de compaixão espontânea e ilimitada para todos os seres sencientes;

» o afastamento do apego à ilusão de um eu inerentemente existente.

Kangyur passou um ano inteiro ponderando sobre essas questões enquanto frequentava as aulas do Mosteiro e auxiliava seus pais na profissão de artesão e nos afazeres de casa. Ele já poderia ter iniciado sua peregrinação, mas ainda não havia recebido o chamado interno, e Drongpa lhe disse que, quando chegasse o momento, ele saberia. Seu coração lhe avisaria sobre a hora de abandonar a Terra Natal. O menino não sabia como comunicar isso à sua família. Seus pais o haviam escolhido para a vida monástica acreditando que ele ficaria no templo do vilarejo para sempre, e ele sabia que uma separação seria difícil para sua mãe, principalmente agora que ela estava adoecendo.

Um ano antes, ela começou a sentir-se mais fraca, e os médicos do local não conseguiam diagnosticar a doença. A medicina de seu povo é milenar e utiliza uma série de exames para realizar os diagnósticos: através do pulso, da urina e da língua. Quando os exames foram realizados, aconselharam-na a recitar mantras, utilizar algumas ervas específicas e remédios, mas ela estava cada vez mais abatida e já não tinha a mesma energia e vitalidade de antes. Para Kangyur, decidir peregrinar com a sensação de que nunca mais veria sua mãe fisicamente era muito difícil. Ele estava enfrentando um dos piores medos da humanidade: o medo de perder alguém que amamos. No Mosteiro, Kangyur havia aprendido que a humanidade prende-se à roda de mortes e renascimentos (Samsara) por seis medos básicos: medo da pobreza, da crítica, da doença, de perder o amor de alguém, da velhice e da morte. Aprendeu também que, quando nos libertamos desses medos, experimentamos a felicidade real.

E ele acreditou que o fato de estar com a mente firme em seu propósito era testado mais uma vez. Quando ele decidiu por sua jornada, sua mãe sentiu essa energia e começou a adoecer, talvez de forma até inconsciente, para manter o filho por perto.

E Kangyur estava caindo nessa prova do medo, justamente para testar até onde ele estava disposto a ser um bodhisattva.

Para que superasse essa crise, o menino foi meditar à sombra da grande cerejeira, onde costumava reunir-se com Drongpa, quando um espírito de luz, que se apresentou como Enyshasta, apareceu em seus pensamentos dizendo:

– O que lhe aflige, nobre rapaz?

Mentalmente Kangyur lhe respondeu:

– Tomei a decisão de ser um bodhisattva.

– Mas isso não é motivo para aflição!

— Sei disso, senhor, mas, quando tomei a decisão de peregrinar para encontrar o portal de Shamballa, minha mãe adoeceu e vi que teoricamente tomar uma decisão é muito fácil, mas, quando os testes se apresentam, tudo se torna muito difícil.

— Você conhece as práticas de um bodhisattva e, para se iluminar, ele deve abandonar a terra natal sem olhar para trás, pois é justamente o apego à família, o amor e muitas vezes a culpa que sentimos com relação a ela que nos impede de nos libertar.

— O que devo fazer, senhor?

— Não posso dizer o que você deve fazer, pois seu livre arbítrio é intocável e somente você pode decidir pelo seu caminho.

— Mas, por favor, me dê um bom conselho!

— Bem, rapaz, o que a sua mãe significa para você?

— Um exemplo de carinho, bondade, alegria. Ela sempre cuidou de mim e me tratou com muito amor.

— Entendo o amor que você tem pela sua mãe, mas, seguindo a ordem natural das coisas, dentro dos valores da natureza ela foi o instrumento onde a sua alma embarcou para chegar a este mundo. Ela foi extremamente importante como veículo para que sua alma se materializasse aqui na Terra, e esse é o papel de uma mãe: um passaporte para a Terra, pois ela se dispôs a lhe dar passagem e por isso você deve ser grato a ela. Mas sua mãe está; não é.

— Como assim, Mestre?

– Dentro dos seus aprendizados, o que você sabe sobre ser e estar?

– Não sei. Agora me confundi!

– Mais tarde você aprenderá sobre isso. Vou pedir que um grande amigo lhe visite e lhe ensine sobre ser e estar. Preciso ir embora agora, mas fique com a mensagem de que tanto o seu corpo físico quanto o de sua mãe um dia perecerão, e não é isso o que importa, mas todos os sentimentos bons que vocês nutriram um pelo outro. O fato de sua mãe ter lhe trazido ao mundo não significa que a alma dela lhe pertença e muito menos que sua alma pertença a ela. Você deve a ela respeito e amor, mas suas decisões são somente suas e você sempre será responsável por isso. Agora preciso ir. Saudemos os Buddhas e os Bodhisattvas!

Kangyur despertou da meditação com uma incrível clareza mental que lhe permitiu compreender tudo o que estava acontecendo. O fato de sua mãe ter lhe trazido ao mundo não significava que ela era "sua", mas sim que ela tinha um papel em sua vida, o de mãe, assim como outras pessoas tinham outros papéis, como pai, irmão, amigo, lama. A vida era um grande teatro, uma encenação, e a cada encarnação os cenários e os atores se modificam, mas os desafios são os mesmos: apego, desejo, raiva, ódio, aversão, ignorância.

Ele só estava com um grande problema e talvez devesse buscar os conselhos de Drongpa. Nesse momento, lembrou-se da décima prática de um bodhisattva. Como ele poderia ser feliz se sua mãe estivesse sofrendo?

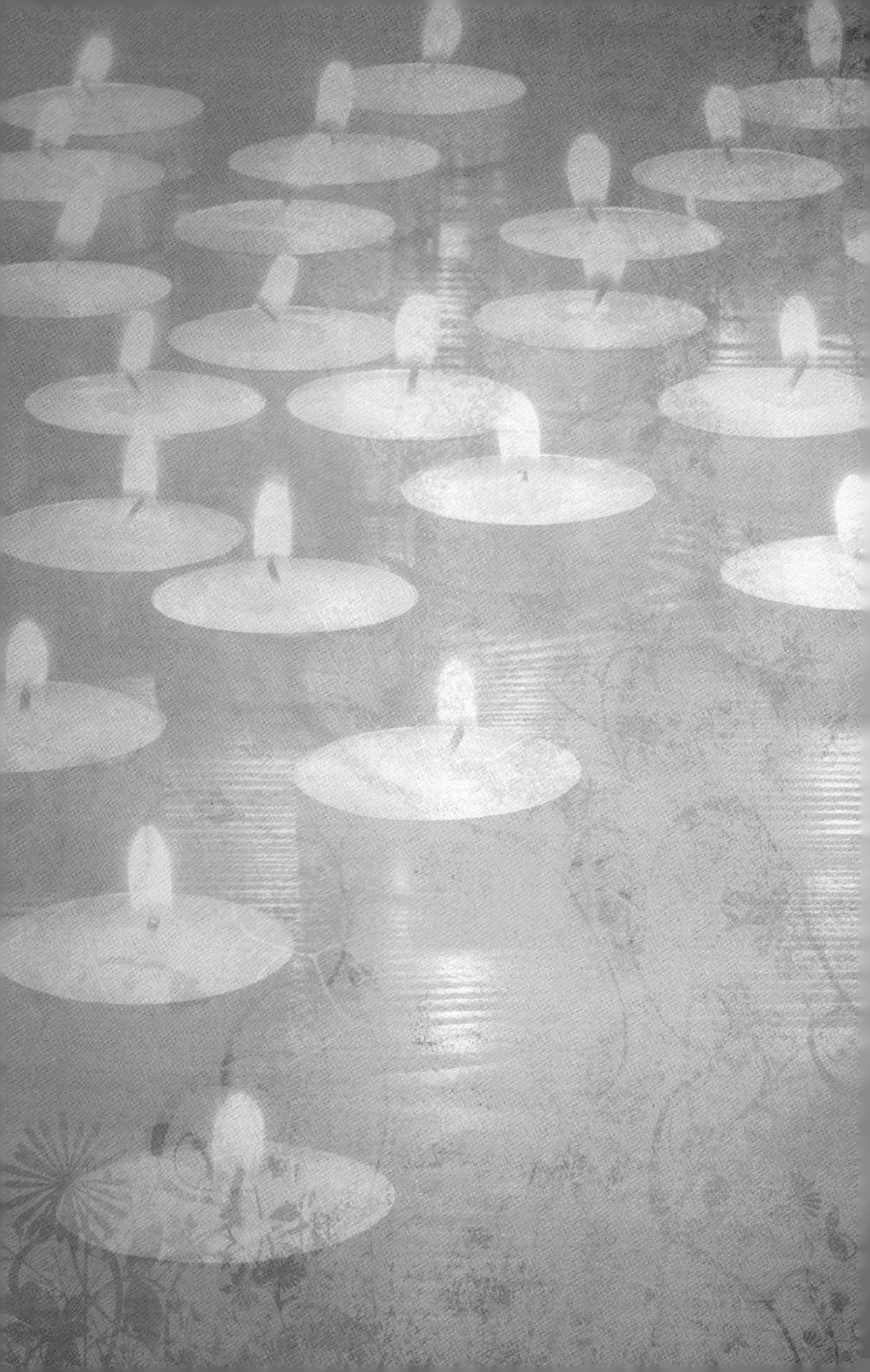

CAPÍTULO V

✤ A MEDITAÇÃO DO SOL POENTE ✤

*E*RA UMA TRADIÇÃO NA FAMÍLIA DE KANGYUR a meditação do sol poente. Todos se reuniam para meditar, agradecer e orar para que todos os seres atingissem a libertação de Maya, a ilusão que nos aprisiona. Naquele dia, o menino estava tenso, porque comunicaria à sua família que partiria em breve para sua peregrinação.

Ele queria partir sentindo que estava tudo bem, pois sabia que, se fosse com sentimentos antagônicos de seus familiares, poderia ser prejudicado e ficar sem paz, sem sossego, que são itens fundamentais para uma boa jornada.

Ele também sabia que as cobranças, as pressões e as crenças das relações familiares aprisionam as pessoas, e não queria ser prisioneiro. A liberdade era seu maior bem, uma condição que o garoto almejava desde pequeno.

Kangyur vinha meditando e preparando-se há semanas, procurando a melhor maneira de falar a todos sem magoá-los, principalmente sua mãe, que era mais sensível às energias densas – ele acreditava que por esse motivo ela estava adoentada. É como se ela tivesse o dom de absorver as dores do mundo, e talvez esse desequilíbrio estivesse prejudicando sua saúde.

Naquela ocasião, Kangyur havia pedido a seus dois irmãos mais velhos, que já eram casados, que viessem até a casa de seus pais, sem as esposas e os filhos, para que a família estivesse reunida como antigamente.

Depois da meditação do sol poente, todos foram jantar e, como Kangyur era o caçula, pediu permissão a seu pai para falar:

— Senhor, posso falar?

— Sim.

— Tenho um comunicado importante a fazer a todos vocês.

— Diga, então.

— Há mais ou menos um ano, o Lama Drongpa me chamou para conversar embaixo da cerejeira sagrada. Ele mencionou que me observava há anos, que conhecia minha alma e que eu estava pronto.

— Pronto para quê? – indagou o seu irmão mais velho.

— Para ser um bodhisattva.

Seus irmãos começaram a rir e um deles disse:

— Você está brincando, não é mesmo?

Sua mãe interrompeu:

— Parem de rir, meninos. Deixem Kangyur continuar.

E Kangyur falou:

— Também fiquei surpreso na hora e não compreendi direito o que estava acontecendo, mas já estou ponderando há um ano e sinto que esse é o meu caminho. Quis esperar que se passassem as quatro estações para avaliar meus sentimentos com relação a isso, pois, como vocês sabem, a cada estação os nossos sentimentos modificam-se.

– Então não quer se casar e quer viver como monge, meu filho? – indagou sua mãe, acreditando que ele viveria no mosteiro e em casa com eles. Ela internamente estava alegre, pois, depois que todos os filhos seguissem seus rumos, Kangyur ficaria com ela e seu marido.

– Sim, Senhora minha mãe, quero seguir a trilha de um bodhisattva e encontrar a minha iluminação, assim como fez Buddha.

Seu pai disse:

– É um caminho natural, meu filho, já que está no mosteiro há tantos anos e sempre teve gosto pelo estudo e pelos ensinamentos de Buddha.

E então sua mãe fez uma saudação a todos os Iluminados, aos Buddhas e aos Bodhisattvas, e eles brindaram felizes.

Kangyur disse:

– Mas eu ainda não disse tudo.

– Então diga, meu filho – emendou seu pai.

– Serei um monge peregrino. Esse é o meu destino e partirei em breve.

Nesse momento sua mãe não conteve as lágrimas e saiu repentinamente da mesa indo até o quarto, chorando compulsivamente, pois ela estava doente e, se o filho partisse, temia nunca mais vê-lo.

Então seu pai lhe disse:

– Compreendo sua vontade, meu filho, mas não vê

que sua mãe está doente? Poderia ter tido um pouco de piedade e ter esperado para dizer a ela em um momento mais oportuno. Ela pode piorar de saúde e até morrer em função dessa notícia, e sei que não é isso o que você quer.

– Senhor meu pai, minha alma está me chamando, clamando por essa peregrinação, e, segundo tudo o que aprendi e o que vocês mesmo me ensinaram: "A vida é preciosa, a morte vem sem aviso, o karma não pode ser evitado e o egocentrismo é a raiz de todo o sofrimento". Portanto, preciso aproveitar a preciosidade de minha existência para ajudar a todos os outros seres na libertação do véu de ilusões em que vivemos. Esse é o dharma que preciso cumprir. Se eu ficar, serei egoísta, ficarei por apego à minha mãe e a vocês, meus amados familiares. Por isso preciso ir, assim como Buddha fez, e me desapegar de tudo aquilo que julgo ser meu e que é uma ilusão. E irei. E ninguém poderá me impedir. Se um dia eu voltar e minha mãe tiver ido embora desse plano, nós nos encontraremos em outro lugar, pois esse lugar onde estamos agora é apenas uma ilusão. Nossa verdadeira casa não é aqui. Nossa verdadeira morada não é nesse vilarejo e muito menos no corpo físico onde estamos, mas em um reino superior, e lá, no futuro, nós nos encontraremos.

Todos ficaram calados, emudecidos diante da força, da segurança e da certeza com que Kangyur pronunciava cada palavra.

E ele seguiu falando com tranquilidade, mas ao mesmo tempo impositivamente:

— O que vocês queriam? Que em vez de buscar minha iluminação eu me consumisse nas ilusões mundanas? O que importa não é o que vocês querem nem o que meu eu egoico quer. O fundamental é aquilo por que minha alma está clamando! E ela clama por que eu aproveite a minha estadia aqui neste mundo para evoluir, para me testar, para me experimentar e crescer, para que eu passe pelas iniciações necessárias e me torne um bodhisattva. É o que mais quero e nada – nem ninguém – me impedirá.

Seu irmão mais velho disse:

— Tudo bem, meu irmãozinho, então vá e que Buddha o ilumine sempre.

Seu pai falou:

— Como você vai sustentar-se? O que vai comer? Vai peregrinar por onde? Você pode morrer de fome e de sede, pode ser devorado por um animal... Como vai fazer isso?

— Isso eu não sei lhe responder, meu pai, mas vou seguir adiante sem pensar em nada. Caminharei com minha mente vazia rumo à iluminação, e o universo conspirará a meu favor. Aprendemos no mosteiro que a natureza é nossa provedora e dela tirarei meu sustento. Ela me alimentará, me acalentará e me sustentará.

Seu pai continuou:

— É, meu filho, vejo que nada podemos fazer quanto à sua decisão, então só posso querer que vá em paz. Quando pretende partir?

— Amanhã mesmo, pois meu coração está agitado de tanta vontade de partir. Ao nascer do sol, vou arrumar minhas coisas, passarei no mosteiro para me despedir de Lama Drongpa e partirei em seguida.

– Então, que os Buddhas e os Bodhisattvas o abençoem, meu filho!

Nesse momento, sua mãe surgiu com um ar resignado e emocionado, e então todos se abraçaram e abençoaram Kangyur.

Ele havia conseguido ter firmeza e desapego suficientes para seguir com sua jornada, não permitindo que as relações de cobrança de sua família influenciassem em seus propósitos búdicos.

Depois de enfrentar o desafio com a família, Kangyur foi dormir e provavelmente aquela foi a melhor noite de sono da sua vida.

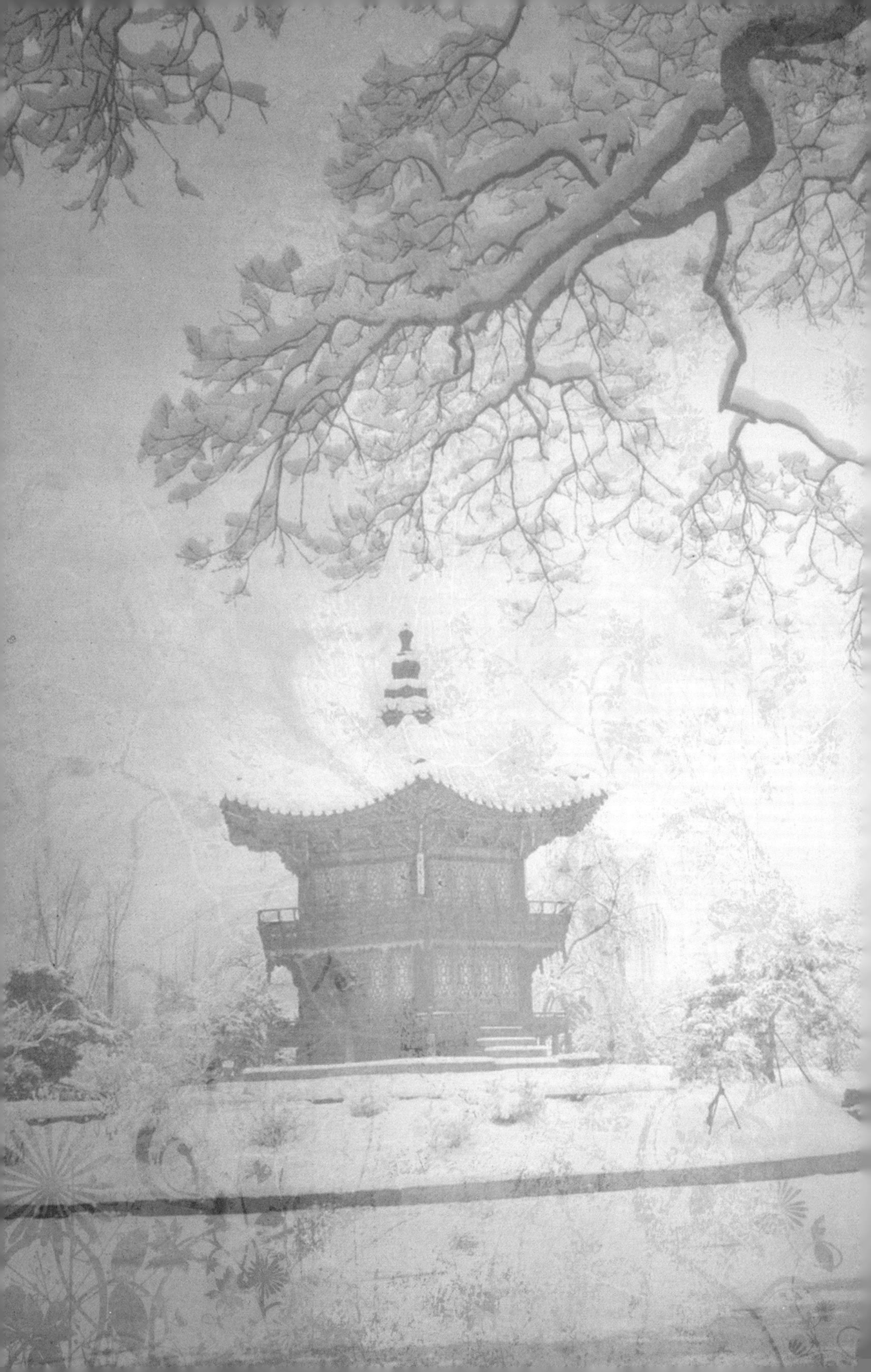

CAPÍTULO VI

✦ PÃ E A VERDADEIRA NATUREZA ✦

K ANGYUR ACORDOU E ARRUMOU UMA ES-pécie de mochila com alguns poucos pertences que lhe seriam muito úteis, como um cantil com água, algumas facas, um mapa, alimentos, algumas frutas desidratadas que sua mãe lhe dera, seu **japamala**[5], um livro com os ensinamentos de Buddha, alguns tecidos que compunham sua roupa monástica, uma espécie de casaco feito de pelo de iaque para enfrentar as noites frias e outros utensílios, como uma bússola que havia ganhado de presente de um aventureiro inglês amigo de seu pai, em um momento em que estava no mercado do vilarejo.

Quando se preparava para partir, seu pai o chamou para um abraço de despedida e, muito emocionado, presenteou o filho com um antigo isqueiro, orientando que só o usasse em casos especiais, pois lhe seria muito útil para fazer uma fogueira à noite ou para espantar animais ferozes.

No olhar de seu pai, Kangyur sentiu um amor sublime

---

5 - Japamala é uma espécie de rosário oriental feito de sementes e contas utilizado para recitar mantras e repeti-los, contando-os. Os japamalas normalmente são feitos de 54 ou 108 contas.

e sem limites e, quando abraçou sua mãe, sentiu que não a veria de novo nesta vida, mas manteve-se firme, concentrado, e partiu.

Kangyur avistou o mosteiro de longe e apressou o passo para despedir-se de Lama Drongpa, que já o esperava.

– Olá, Mestre!

– Bom dia, filho!

– Vim me despedir do senhor e gostaria que me abençoasse em minha jornada!

– Oh, nobre rapaz! Desejo que os Buddhas e os Bodhisattvas o abençoem e conduzam sua jornada no caminho da iluminação. Tudo o que eu podia o ensinei; agora é hora de experienciar os ensinamentos e seguir em frente! Vá em paz.

E Kangyur, muito emocionado, seguiu sua jornada. Quanto mais o vilarejo ficava para trás, mais ele sentia que estava no caminho certo. Sentia-se aliviado, feliz, em paz. Estava muito animado com sua escolha e pronto para o que pudesse vir.

Andou o dia inteiro. Estava bem cansado e então resolveu parar quando avistou uma pequenina árvore de *goji*, uma fruta daquela região, conhecida por ser uma grande fonte de nutrientes e proteínas. Na medicina tibetana, o *goji* é conhecido pelos benefícios contra as doenças cardiovasculares e inflamatórias e os problemas de visão e do sistema imunológico. É uma fruta antienvelhecimento por excelência, que aumenta os níveis de energia, ajudando no processo digestivo, e, por ser tão concentrada, basta comer pouca quantidade para se sentir saciado e bem nutrido.

Então, quando Kangyur chegou perto da planta, sentiu-se abençoado, como se a natureza o tivesse presenteado. Colheu algumas frutas, alimentou-se com os lanches que sua mãe havia preparado, fez suas práticas espirituais e resolveu fazer uma fogueira. Ali, embaixo de uma bonita árvore, o nosso aspirante a bodhisattva adormeceu e, enquanto dormia, sonhou com a Casa da Ravina e com as pessoas que lá viviam.

Kangyur acordou um pouco antes de amanhecer, quando os primeiros raios de sol apontavam no horizonte. Ele simplesmente observou a natureza sem nenhuma intenção, como se ele fosse uma planta, uma árvore ou uma formiga. Simplesmente sentia-se parte dela, sem cobranças, sem sentir nada e sem pensar em nada, apenas existindo, coexistindo com tudo o que ali habitava e com a própria energia da vida.

Fechou seus olhos por alguns instantes, sentiu a brisa como se ele fosse ela própria, experimentando um estado de contentamento que jamais havia sentido. Depois de alguns minutos, ouviu uma música como se fosse um encantamento. Uma melodia tão harmônica que Kangyur entrou em estado de êxtase espiritual. Ficou ali de olhos fechados até que a música parou e então, quando ele finalmente acordou, tomou um grande susto, pois avistou à sua frente um enorme **sátiro/fauno**[6].

---

6 - Sátiro/Fauno – Palavra com origem na mitologia greco-romana para designar uma divindade metade homem, metade bode.

Kangyur estava sentado debaixo da árvore e foi chegando-se para trás, estremecido de medo. Não sabia se o que estava vendo era uma ilusão, se estava sonhando, alucinando ou se aquilo poderia ser verdade.

O ser tinha chifres, a parte superior do corpo era humana e a parte inferior era o corpo de um bode. Kangyur fechou os olhos e começou a recitar o Vajra Guru Mantra, que invoca a essência de todos os Buddhas. Ele ficou repetindo-o e repetindo-o, até que começou a ouvir a agradável música novamente.

Quando abriu seus olhos, aquele ser ainda estava lá, tocando sua flauta de bambu.

Kangyur continuava sem compreender, mas viu que aquele ser estava ali tocando para ele com um semblante de muita alegria e satisfação. Então ele foi ficando mais tranquilo e começou a sorrir para aquele ser intrigante.

Então o fauno disse:

– Lembra-se de mim, velho amigo?

E Kangyur, com a educação que lhe era de costume, respondeu:

– Desculpe, senhor, mas não lembro.

– Somos velhos conhecidos de vidas passadas, quer dizer, das suas vidas passadas, pois eu mesmo nunca morri. Vivo na Terra desde que ela foi construída pelo nosso Criador.

– Ah, lembro-me de já tê-lo visto em sonhos quando eu era criança. Lembro vagamente... Ah, agora estou lembrando bem, acho que eu tinha uns cinco anos e sonhava com o senhor sempre na época da primavera, quando as cerejeiras estavam floridas. No mosteiro, sempre fazíamos a celebração da primavera e meditávamos com o objetivo de escutar os acordes das fadas quando as flores desabrochavam, mas só consegui escutar uma vez e tenho minhas dúvidas de que as fadas realmente existam.

– Você não sonhava comigo, rapaz! Você me encontrava em **projeções astrais**[7], com sua alma fora do corpo, e sempre na primavera, porque nessa época minha energia fica mais latente.

– Afinal de contas, quem é o senhor?

- Eu me chamo Pã e estou na Terra desde o início dos tempos, trabalhando nos ciclos da natureza, nas estações do ano, no clima, com os animais, coordenando os grupos de devas, fadas, elfos, sílfides, ondinas, gnomos, duendes, dríades, náiades e fazendo outras coisas também. Todos esses seres que citei são responsáveis pelo equilíbrio da natureza e trabalhamos juntos.

– Por Buddha! E o senhor consegue dar conta de tanto trabalho?

– Sim, pois não faço nada sozinho. Recebo muita ajuda desde os seres que habitam o sol, que são os pitris solares, até os minúsculos serezinhos que habitam o núcleo de uma semente. Nessa equipe existem bilhões de seres, todos subservientes à vontade divina, e eles existem para expressar a vontade do Criador. Somente para isso e por isso todos são felizes e trabalham sem parar e com muita

---

7 - Projeções astrais – Quando a alma se expande e se desloca para fora do corpo físico, visitando outras dimensões, o que ocorre principalmente durante o sono, quando o metabolismo está desacelerado.

felicidade. Os seres humanos também poderiam ser assim, mas fizeram outras escolhas, e a natureza já não basta. Precisam de cada vez mais roupas, alimentos, sapatos, casas e todas essas modernidades da nossa época. Temo que no futuro a natureza não resista.

— Senhor Pã, estou muito feliz em revê-lo! O senhor pode me ensinar mais sobre a natureza?

— Ensinar? Como assim, jovem? A natureza não pode ser ensinada, mas pode ser apreendida por meio da nossa mente e do nosso coração. Você só consegue percebê-la e senti-la quando sua mente e seu coração estão alinhados com a vontade divina, como fazem os devas. O que posso fazer é lhe falar sobre minhas percepções, afinal esse é o meu trabalho, mas o aprendizado é seu, e somente seu. Você pode me perguntar o que quiser! Hoje tirei um dia de folga para ficar aqui com você!

— Sinto-me muito honrado e abençoado pela sua companhia e, se me permite, vou lhe fazer umas perguntas, sim!

— Fale, rapaz.

— Senhor Pã, conforme o senhor falou, então existe um mundo invisível aos olhos humanos que é responsável por todas as plantas, pelos lagos, montanhas, mares, pedras, cristais e todo o tipo de vida na Terra?

— Sim. São trilhões de serezinhos iluminados que vêm abastecer a vida na Terra desde a superfície do sol. E tudo isso acontece num equilíbrio perfeito porque esses seres são hierarquicamente organizados, mas não como as hierarquias da Terra. Essa organização se dá pela cor da aura, pela vibração e pela missão da alma. Por exemplo, uma náiade já nasce sabendo que a missão da sua alma é transmitir a cura através do fluxo da água, então faz o seu trabalho com alegria, porque é a motivação da sua existência. O grande criador presenteou a humanidade com os reinos para que os seres humanos pudessem evoluir, crescer, melhorar seu espírito, e tudo funciona perfeitamente, com muita harmonia. O ser humano, já que possui o dom sublime da consciência, poderia aproveitar sua estadia na Terra e fazer um trabalho de expressar amor, beleza e divindade, como a natureza faz.

— Estou impressionado, pois tudo é muito mais genial do que podemos imaginar!

— Sim, pequeno bodhisattva, cada vez que uma flor desabrocha, as fadas cantam. Cada vez que uma semente é plantada, a energia dos elementais está ali presente, para que essa semente germine. Cada vez que uma árvore cresce, existe uma legião de seres envolvidos nesse processo. Se você pudesse ver a olhos nus a sinfonia da natureza tocando, você nunca mais seria o mesmo. É o que chamam coloquialmente de milagre. A natureza manifesta o milagre da vida a cada segundo.

— Eu gostaria muito de ver esse milagre!

— Vamos com calma, rapaz!

— Sim, mas me fale mais sobre as árvores! Gosto muito delas. O lama do mosteiro onde eu estudava sempre se reunia conosco para nos ensinar debaixo de uma grande cerejeira sagrada. E, quando ela estava florida, eu sempre me sentia muito unido com o universo. Já ouvi falar que Mestres como Buddha, Jesus e Krishna também se reuniam debaixo de árvores para ensinar. Isso tem uma explicação ou é mera casualidade?

— O propósito principal de uma árvore é ajudar todos os seres a evoluírem para uma consciência mais elevada. As árvores possuem uma energia que os seres humanos podem absorver sem perigo, como ocorre com muitas coisas na natureza (por exemplo, água, legumes, cristais, entre outras). Também há uma frequência de sabedoria nas árvores, porque elas já estão no planeta há muito mais tempo do que os seres humanos. Elas detêm uma vibração mais elevada da verdade universal. Buddha, Jesus e Krishna ensinavam em pequenos bosques porque as árvores, pela sua verticalidade, estabelecem uma conexão mais pura, clara e límpida, o que ajuda nos aprendizados de todos que estão ao redor delas. Mesmo nos outros mundos, há o que você denominaria árvores etéricas, sob as quais muitos ensinamentos são ministrados. Gosto muito de um poema que o amigo Mahatma Kuthumi compôs sobre as árvores:

ÁRVORES

Acho que nunca verei
Um poema tão lindo como uma árvore
Cuja boca faminta pressiona
O seio doce e suave da terra;
Que olha para Deus o dia inteiro

E eleva seus braços a rezar;
Que pode usar no verão
Um ninho de tordo nos cabelos;
Sobre quem a neve cai;
E que é íntima da chuva.
Poemas são feitos por tolos como eu,
Mas só Deus pode fazer uma árvore.

— Que lindo, Senhor Pã! Existem muitas coisas além de nossa compreensão mundana...

— A propósito, Lama Drongpa é meu velho amigo e ele pediu que eu lhe amparasse em sua peregrinação, e é por isso também que estou aqui. É difícil tornar-se um bodhisattva sem integrar-se totalmente à natureza. Por isso, meu amigo, quando em sua jornada você decidir parar para descansar, aconselho-o a repousar embaixo de uma árvore, pois assim poderei ampará-lo.

— Tudo bem. Então sempre farei meu acampamento embaixo das árvores. Contudo, fiquei um pouco curioso, Senhor Pã. Você e lama Drongpa são amigos? Impressionante! Ele nunca comentou isso comigo!

— Há muitas coisas sobre ele que você não sabe, Kangyur. Lama Drongpa é amigo de muitas pessoas importantes e influentes e ele nutre um grande amor por você.

Kangyur abaixou os olhos, emocionado, e continuou com suas infinitas perguntas a Pã:

— E os devas? Como eles são e qual sua função na natureza?

– Bem, para lhe explicar isso, eu levaria dias, mas tentarei explicar-lhe de forma resumida. Vamos lá! Existem muitos tipos e hierarquias de devas, e cada grupo tem um trabalho específico e métodos de desenvolvimento pelos quais atingem seus objetivos e evoluem. O caminho de evolução dos devas passa pelo sentimento, pela educação da humanidade e pelo aperfeiçoamento do corpo físico. O caminho de serviço dos devas está concentrado no reino de magnetização das energias que protegem toda a vida vegetal e lugares sagrados na Terra. Outros devas guardam os membros da família humana e controlam a água e o ar elementares no reino dos peixes. A evolução dos devas está se acelerando, atualmente, em sincronicidade com a evolução da família humana. Eles já atravessaram o reino humano e optaram, como bodhisattvas, por ficar e trabalhar no plano terrestre. Em outro grupo dévico encontram-se as fadas e os elfos, que formam as flores e dão colorido a elas, os elementais que trabalham com os legumes, com os frutos e com todo o verde que cobre a superfície terrestre. Também ligado a este grupo estão os devas da magnetização conectados com as pedras, os talismãs e os lugares sagrados da Terra. Há também um grupo de devas encontrados ao redor das habitações dos mestres que vivem na Terra. Existem também os devas que trabalham com os elementais do ar e do mar, os silfos, as fadas da água e os devas que guardam os seres humanos. Existem também elementos chamados de pitris solares, que regem as forças naturais, as leis e os processos – solar, interplanetário e planetário. Os pitris solares e lunares são todos subservientes à energia criadora e expressam a vontade divina. Os devas vivem em todos os **planos conscienciais: etérico, astral, mental e espiritual**[8].

— Tenho mais umas perguntinhas, se o senhor me permite!

— Fale, rapaz, terei o maior prazer em responder a elas!

— Os elementais têm esse nome porque estão ligados aos cinco elementos: fogo, terra, água, ar e éter?

— Sim. Vejo que você aprendeu muitas coisas no mosteiro, e isso me deixa contente. Drongpa cuidou bem de você! De forma geral, a função dos elementais é manter o equilíbrio da Terra, e eles cumprem essa atribuição haja o que houver. Muitas vezes uma forte chuva é necessária para limpar as formas de pensamento que gravitam na atmosfera. Kangyur, imagine milhões de pessoas pensando em tristezas, insatisfações, competições, derrotas, inveja e outros sentimentos densos durante algum tempo. Esses pensamentos geram massas de energia pesada, o que torna impossível até uma boa respiração. Os seres humanos não sabem disso e continuam com seus sofrimentos sem reagir para mudá-los, pois esses comportamentos os viciam.

— Por isso Buddha dizia que controlar a mente é tudo o de que precisamos?

---

8 - Planos conscienciais – São as camadas da construção de tudo o que existe no universo, desde a primeira partícula.
Plano etérico – Mais próximo da realidade física e material.
Plano emocional – Onde residem as emoções e os sentimentos.
Plano mental – Morada das ideias, dos pensamentos, da inspiração e da consciência.
Plano espiritual – Onde se situam a energia, a alma, o espírito, a sutileza, o akasha e a verdade. Também conhecido como "plano de causação".

— Exatamente. Buddha sabe das coisas! Quando essas massas de energia ameaçam o equilíbrio energético do planeta, nossos amigos elementais são obrigados a praticar uma ação, mesmo que seja desagradável aos olhos humanos. Em muitos casos, somente uma tragédia natural como uma tempestade com queda de raios, uma enchente, um *tsunami*, um terremoto, um desabamento de terras é que pode dissipar tantas massas de pensamentos densos. E muitas vezes, para isso, pessoas precisam morrer. Entretanto, a natureza precisa equilibrar-se e equilibrar a Terra, e nada pode ser feito. O ser humano que vigia seus pensamentos, que ora pelo planeta, que nutre ideias boas, construtivas, que presta atenção em seu semelhante e na natureza contribui para a evolução da Terra como organismo vivo. E os seres sencientes, aqueles que vivem por viver, sem objetivos espirituais de crescimento e evolução, sentem-se constantemente ameaçados pela natureza, pois não estão conectados a ela.

— Ótimo, Senhor Pã! Agora consigo compreender muitas coisas de forma mais profunda. Estou muito impressionado... A propósito, e a sua flauta de bambu, como aprendeu a tocá-la?

— Ah, essa história remonta a tempos muito longínquos e não sei se quero falar nesse assunto... Até hoje esse assunto é tratado como uma velha lenda... Vamos deixar essa história para outro momento, meu jovem!

— Fique à vontade, Senhor Pã...

Nesse momento, Kangyur estava encantado com as

histórias do Deus Pã, e eles continuaram com a agradável conversa até o final da tarde.

Quando o sol começou a se por, Pã tocou no **sexto chacra**[9] de Kangyur e ele viu a natureza como ela é: um verdadeiro conto de fadas. O rapaz ficou admirando a harmonia dos serezinhos trabalhadores até o sol se por. Ele ficou encantado com a alegria e a satisfação desses seres que habitavam tudo o que era vivo. Kangyur nunca havia se dado conta de que, ao comer uma pequenina fruta de *goji*, estaria levando para dentro de si os espíritos da natureza que nele habitavam. Entretanto, agora ele sabia, pois havia experimentado, como Lama Drongpa havia lhe dito.

---

9 - Sexto chacra – Vórtice de energia situado entre as sobrancelhas, também conhecido como "centro de comando". Centro de energia conectado à glândula hipófise, é o responsável pelo pensamento, pela consciência. Idealismo, raciocínio e criação de ideais divinos.

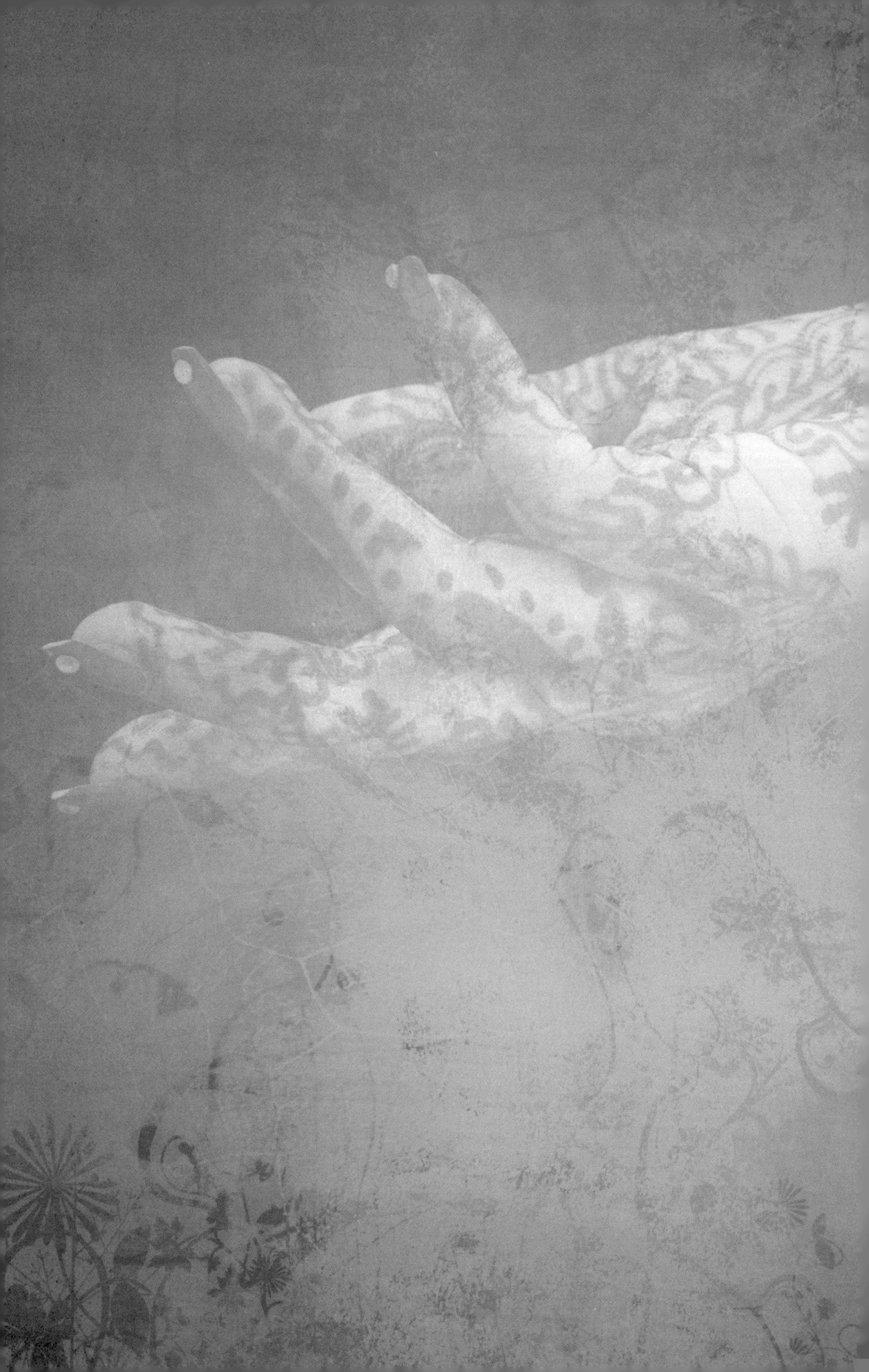

CAPÍTULO VII

✦ VIVENDO MAHAKARUNA ✦

No dia seguinte, tudo parecia surreal. A experiência com as fadas, os elfos e os elementais fez com que Kangyur se sentisse cada vez mais agradecido ao universo por ter decidido peregrinar. Ele se sentia abençoado, amparado e protegido pelos espíritos da natureza.

Era realmente maravilhoso saber que poderia contar com a ajuda de Pã em sua jornada. Ele estava experimentando um tipo de felicidade que jamais havia sentido, uma felicidade real, que vibrava em todas as suas células. Ele se sentia completo, de uma forma que nada o pudesse abalar ou desafiar.

O peregrino então arrumou sua bagagem e andou durante quatro dias em direção a um pequeno vilarejo recomendado pelo seu pai, que tinha amigos por lá. Chegando ao lugar, ele avistou uma casa muito simples, que parecia ser a casa do Senhor Chang Po.

Bateu à porta.

Um senhor muito simpático veio recebê-lo e, quando Kangyur lhe entregou o bilhete de seu pai, o velhinho ficou muito emocionado e com lágrimas nos olhos, pois sentia muitas saudades da família de Kangyur.

– Boa noite, filho. Seja muito bem-vindo!!!

– Boa noite! Sr. Chang Po?

– Sim, sou eu mesmo. Entre! É um prazer muito grande recebê-lo por aqui!

– Estou muito grato, senhor. Sou um aspirante a monge, estou peregrinando e meu pai recomendou que eu ficasse aqui por pelo menos uma noite, pois teria a sua excelente companhia.

– Ah, que é isso! Sou só um velho artesão...

– Mas meu pai lhe tem muito apreço e, pelo jeito, uma amizade de muitos anos. Ele fala muito bem do senhor. Sempre tive curiosidade em conhecê-lo.

Quando Kangyur entrou na humilde casa, deparou-se com uma enorme variedade de artefatos, ferramentas e centenas de objetos artesanais. Ele ficou encantado com a habilidade do velhinho para esculpir, pintar, desenhar, tecer, enfim, ele era um artista completo. Agora ele havia entendido por que seu pai admirava tanto esse profissional: é como se fosse um exemplo a ser seguido. Havia entendido também por que seu pai o enviara até ali. Talvez na tentativa de que ele se apaixonasse pela arte mais do que pela sua peregrinação... Então, ele ficou ali observando tudo atentamente, até que o senhor o convidou para sentar-se e beber algo para se aquecer.

– E então, rapaz, você poderia tomar um banho. Posso lhe dar algumas roupas limpas. Depois vamos jantar e mais tarde você dorme sem pressa de acordar. Então, o que acha?

— É muita gentileza sua, mas não se preocupe. Passei por aqui mais pela vontade de meu pai. Não quero lhe dar trabalho, pois, pelo jeito, o senhor já tem trabalho demais.

— Fique tranquilo, meu jovem! Tenho todo o tempo do mundo, e devo muito a seu pai. Ele é um filho para mim! Eu nunca construí uma família, pois escolhi me dedicar à arte por inteiro, e seu pai foi meu melhor aluno, que me ajudou muito em uma época em que eu enfrentei grandes dificuldades, então devo isso a ele. Você é praticamente meu neto!

Kangyur ficou intrigado e percebeu que havia muitas coisas a respeito do seu pai que ele não sabia.

— Mas não quero lhe dar trabalho, Senhor Chang Po.

— Vamos lá, permita que eu lhe mostre seu quarto.

Então Kangyur tomou um belo banho, fez uma boa refeição na companhia muito agradável do Senhor Chang Po e dormiu em uma cama muito confortável.

Ah, a sensação era maravilhosa.

Embora ele soubesse que tudo isso é ilusão, ele estava há dias caminhando. Seus pés estavam com bolhas, e o banho, a refeição e a cama trouxeram de volta sua energia vital; e ele acordou no outro dia sentindo-se muito bem. Todo esse conforto quase fez com que ele ficasse mais tempo por lá. Mas nosso bodhisattva sabia que quem se deixa levar pelas emoções e sensações torna-se um **fascinado**[10], e isso ele não

---

10 - Fascinado – Ser tolo, que guia sua vida apenas baseando-se em impulsos e emoções, sem uma motivação espiritual. Aquele que vive um mundo de ilusões. Ser ignorante ou não desperto.

queria de jeito nenhum. Ele queria justamente o contrário: "desfascinar-se" das ilusões da matéria.

Ele sabia que o caminho mais fácil não era o caminho da redenção, e sim o caminho da corrupção, em que destruímos o propósito da nossa alma em busca de conforto, prazer e vaidades.

O Senhor Chang Po era agradável, culto, uma pessoa amorosa e muito fácil de se gostar. Kangyur estava quase se apegando a ele, de tanto que gostou de sua companhia. Seu pai realmente sabia o que estava fazendo.

Contudo, quando se tratava do compromisso que havia assumido, Kangyur era implacável, e ainda pela manhã despediu-se do Senhor Chang Po, que lhe deu muitas frutas e alimentos para que ele continuasse seguindo em seu caminho. Foi uma despedida emocionante para os dois.

Kangyur seguiu para o norte, como indicava sua bússola, e, enquanto caminhava, recitava seus mantras preferidos. Ele andava durante todo o dia e, quando o sol se punha, ele praticava a meditação do sol poente. A meditação do sol poente saudava o sol da seguinte maneira:

Ó Grande Sol, fonte da luz e da vida,
Ilumine a consciência de todos os seres
Dissipando sua ignorância
Para que possamos seguir o sagrado caminho da iluminação
E um dia nos tornarmos seres sublimes como você:
Que todos os dias se recolhe e pela manhã surge esplendoroso
Tocando com seu amor e luz tudo o que existe.

Após sua meditação, ele montava uma espécie de acampamento, sempre embaixo de uma árvore, como Pã havia lhe recomendado. Ele já estava com prática e rapidamente montava e desmontava tudo com muita facilidade.

Ele estava feliz, realizado e há sete dias em pleno silêncio, sem ver ninguém. Foi quando ele fechou os olhos, exausto.

De repente, sentiu que algo o chamava. Nesse momento despertou e avistou um morro com uma velha casa em seu cume e decidiu ir até lá naquele mesmo momento. Era longe, mas talvez por lá houvesse alguém ou algo que pudesse ajudá-lo, pois ele já estava sem nenhuma comida e água há bastante tempo.

Kangyur sentia-se muito fraco, mas precisava encontrar forças para subir até lá. Então se concentrou e foi em direção à velha casa. Duas horas depois, ele chegou e bateu à porta. Ninguém atendeu. Então ele foi entrando devagar, acendeu com seu isqueiro uma espécie de lamparina que estava sobre a mesa. Ele não queria invadir a privacidade de ninguém, mas estava precisando muito de ajuda. Ele foi entrando e dizendo:

– Olá, tem alguém por aí?

Ninguém respondia. O interessante é que ele sentia uma presença forte.

Ele encontrou um quarto, o qual era uma espécie de sala com cozinha, e tudo estava muito sujo e empoeirado. Pelo que tudo indicava, aquele local havia sido abandonado, então ele não viu mal em passar a noite ali.

Deitou-se na cama que encontrou e relaxou profundamente até a manhã seguinte.

Muitas vezes, quando acordava pela manhã, Kangyur perdia a noção de tempo e espaço, não sabia onde estava e ficava assustado, tentando lembrar-se do que havia acontecido na noite anterior. Os monges do mosteiro costumavam dizer que todos os dias morremos, e renascemos quando dormimos e acordamos. Kangyur começava a acreditar nisso com toda a verdade do seu ser. Cada novo dia para ele era uma aventura e parecia um renascer para uma nova vida, para uma oportunidade diferente.

Ele acordou bem cedo, pois na noite anterior havia deixado algumas vasilhas na rua para recolher a água do orvalho, já que estava com muita, muita sede e se sentia fraco. Ele bebeu um pouco da água, guardou o restante e decidiu que naquele dia iria descansar por ali, organizar o local, limpar tudo, meditar e aprender com o lugar, sentir a energia daquela montanha e o que ela poderia lhe dizer.

Kangyur encontrou outra árvore de *goji* e ficou muito feliz por ter alimento. Ele sabia que havia o toque de Pã nessa "casualidade" e ficou muito agradecido. Então colheu alguns galhos de plantas e fez uma espécie de vassoura para remover a poeira do chão e dos móveis. Encontrou pela casa alguns panos e então começou a pensar como alguém poderia ter vivido por ali sem água. Somente com a água da chuva e do orvalho seria bem difícil. Então decidiu ir até os fundos da casa para verificar se existia algum poço ou fonte por ali. A porta dos fundos estava trancada, emperrada e, como ele não tinha forças para abri-la sozinho, foi por fora da casa.

Quando virou a esquina da casa, deparou-se com uma cena que o deixou sem voz, trêmulo de medo, tanto que deixou a vassoura cair de sua mão e logo depois caiu sentado no chão!

Em uma cadeira, havia somente o esqueleto de um homem sentado...

Kangyur ficou petrificado! Quem seria aquele homem e por que teria morrido ali, naquelas condições?

Aos poucos tentou acalmar-se e entender o que estava acontecendo.

Após alguns minutos, passado o susto, Kangyur foi-se aproximando e, com sua excepcional mediunidade, percebeu que a alma que um dia estivera acoplada àquele corpo ainda estava gravitando por ali. Aquele homem que havia morrido na cadeira não havia se elevado; sua alma ainda estava vagando naquele lugar, presa à casa, aos apegos mundanos. Essa era a presença que ele havia sentido na noite anterior. Então nosso peregrino decidiu elaborar um ritual de sua tradição para aquele homem, pois ele morreu sozinho e provavelmente sem compreender o processo do **bardo**[11].

Kangyur achou que na noite anterior tinha ido buscar ajuda, mas agora nosso bodhisattva havia compreendido por que estava ali: para ajudar aquela alma a elevar-se, a desligar-se daquele corpo e seguir em frente em seu caminho de evolução.

---

11 - Bardo – De acordo com o budismo tibetano, bardo é o processo intermediário entre a morte e o início de outra vida, ou reencarnação. Literalmente significa transição ou intermédio.

Então Kangyur começou a preparar uma espécie de maca de galhos secos nos fundos da casa, que provavelmente foi o lugar onde o homem escolheu morrer, devido à linda paisagem avistada ali.

Qualquer pessoa normal, diante dessa situação, teria saído correndo, mas Kangyur sabia das suas obrigações enquanto bodhisattva. Ele só estava ali para ajudar aquela alma a despertar do sono da ignorância, por isso ele conseguiria coragem para fazer o que estivesse ao seu alcance e faria bem feito.

Quando a maca ficou pronta, ele, cuidadosamente, pedindo permissão aos seres iluminados, recolheu os restos mortais do homem, deitando-os sobre a maca. Cobriu-o com uma bela túnica branca que havia encontrado em um armário da casa, deixando somente seu rosto à mostra. Colheu algumas ervas e flores do campo, enfeitou tudo e iniciou o ritual, recitando mantras específicos para a ocasião. Kangyur sentia-se um tanto atônito e não tinha certeza de que aquilo era o correto a fazer, mas sua intenção era correta, e isso era o mais importante.

Ele desidratou algumas ervas e as transformou em uma espécie de incenso, o que auxilia na elevação do espírito. Dentro de sua tradição, havia aprendido que a fumaça está totalmente vinculada à evolução espiritual, por representar a alma subindo.

Ele se dispôs a ficar ali, cantando mantras e vigiando aquele corpo por setenta e duas horas, o que era recomendado em sua tradição. E ali ele ficou o tempo inteiro, saindo somente para beber água, comer e fazer suas necessidades. E, mesmo quando saía do lado do esqueleto, ele continuava com o mantra na mente, repetidamente. Ele estava cansado, mas, enquanto houvesse força, ele estaria ali, auxiliando na libertação daquele ser. Kangyur não sabia quem ele era, o que havia feito, se era uma pessoa do bem ou não, mas ele estava ali para ajudar, sem julgamentos, e, como somente ele tinha corpo físico vivo naquele lugar, não adiantaria fugir, ele mesmo teria que resolver ou nunca mais teria paz na vida. Ele sentia dentro de si uma vontade tão grande de ajudar aquele ser, como se fosse sua única razão de existir. Ele estava ali, firme em seu propósito, como se nada o pudesse impedir.

No terceiro dia, quando o processo estava prestes a se completar, ele sentiu que a alma do homem estava se libertando. Quando Kangyur se preparava para cremá-lo, Enyshasta apareceu ao seu lado.

– Senhor, o que faz por aqui? – disse Kangyur.

– Lembra-se de mim, menino?

– Claro, Senhor Enyshasta. Lembro que me deu excelentes conselhos no Mosteiro, antes de minha partida, e disse que enviaria um amigo para me ajudar a compreender a diferença entre ser e estar!

– Eis o esqueleto do seu amigo, deitado nessa maca de galhos, que, diga-se de passagem, ficou muito bela.

– Como assim, senhor? Como alguém nessas condições poderia me ajudar? Não sou eu que o estou ajudando?

— De certa maneira, posso dizer que vocês dois se ajudaram, pois ambos precisavam compreender algumas coisas. Quando você decidiu subir esse morro, não estava buscando ajuda? Esse homem, que já morreu, precisava compreender que existe vida além da matéria e você precisava exercer seu Mahakaruna, o que é necessário para tornar-se um bodhisattva.

— No mosteiro já estudamos a qualidade Mahakaruna.

— Sim, amigo, mas você decidiu peregrinar para experimentar, não é mesmo?

— Como assim, Sr. Enyshasta? Não estou entendendo.

— Bem, vou auxiliá-lo. O que é Mahakaruna, Kangyur?

— Bem, entendo por Mahakaruna a qualidade que motiva a existência dos grandes seres iluminados. Eles existem para servir, ajudar, auxiliar na evolução de todos os seres e para exprimir seu amor incondicional, sua compaixão.

— Então, Kangyur, por que você não saiu correndo quando visualizou aquele esqueleto na cadeira?

— Porque senti uma vontade enorme, mais forte do que qualquer coisa que eu já tenha sentido, de ajudar a alma daquele homem a se libertar da ilusão de acreditar que ainda era aquele esqueleto. Senti que sua alma ainda estava rondando os restos mortais.

— Se um ocidental passasse por essa situação, talvez apenas tivesse enterrado os restos mortais do homem, sem prestar atenção no que é real: a alma daquele ser, que dura para sempre. Ao simplesmente enterrá-lo, talvez o prejudicasse mais ainda. Se a alma ainda estava ligada ao corpo, provavelmente ele se sentiria enterrado vivo, que é uma das piores sensações que podemos ter, pois a mente lógica acredita que nunca poderá libertar-se dali. Essa sua vontade de ajudar o outro e esquecer os interesses pessoais, de dedicar-se ao dharma, de auxiliar na evolução do universo, despertando todos os seres para o amor e para a compaixão, é o que podemos chamar de Mahakaruna. Se você conseguiu sentir isso, Kangyur, uma das suas missões como bodhisattva foi cumprida. É como se você recebesse um selo iniciático, uma graduação dentro da espiritualidade. Um símbolo de força foi ativado dentro de você, Kangyur!

Kangyur acabara de receber um grande elogio de seu amigo Enyshasta, mas ele cuidava sempre para não deixar que a euforia o dominasse. Acenando a cabeça com um ar resignado, agradeceu-lhe, dizendo:

– Acho que eu ficaria aqui para sempre, até que essa alma se libertasse. Não sei explicar de onde isso vem, mas é o que sinto... Sem falar que sou um tanto teimoso, senhor... – dizendo isso, riu.

– Não importa de onde vem. O que importa é que você abriu mão de toda a ilusão para dedicar-se ao que é importante: a alma. Você não tem ideia do que esse ritual proporcionou a essa alma em evolução.

– Fico contente, senhor.

Então os dois olharam para cima. A alma daquele homem estava subindo e, expressando um olhar de gratidão a Kangyur, desapareceu no alto.

Kangyur não se conteve e uma lágrima correu pelo seu

rosto. Ele ficou muito contente por cumprir a nobre tarefa que lhe foi dada. Naquele momento, sentiu muita gratidão. O contentamento é diferente da euforia, do orgulho, e nesse momento ele estava experimentando o contentamento real, de fazer o bem pelo outro ser.

Quando então sentiram que a alma do homem morto estava se encaminhando para níveis mais sutis, Enyshasta acenou com a cabeça e Kangyur acendeu a fogueira, cremando os restos mortais que ali estavam.

A paz do local era profunda, estável, e então Kangyur compreendeu com todas as suas células o significado mais intenso de Mahakaruna.

Kangyur não conseguia agir, falar ou pensar. Só queria ficar ali, vivendo aquela experiência.

Depois de mais de uma hora de meditação, Enyshasta ainda estava lá e orientou que Kangyur descansasse bastante. No dia seguinte ele voltaria, pois eles ainda precisavam conversar sobre o sentido de ser e estar.

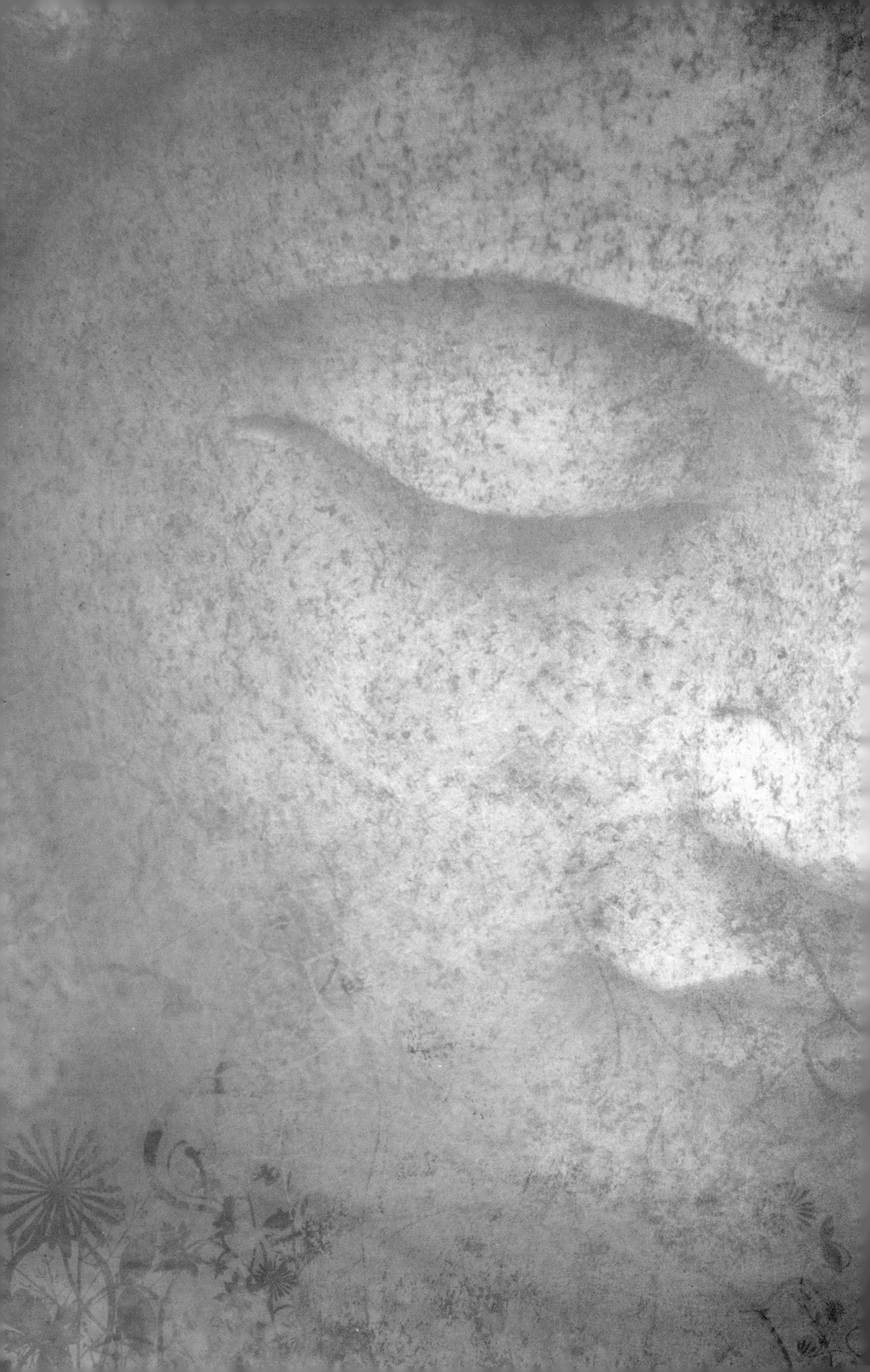

CAPÍTULO VIII

❖ O FILÓSOFO ❖

No dia seguinte, quando acordou, Kangyur sentiu-se muito bem, mas parecia que havia sonhado com toda aquela situação da cremação. Estava ainda com uma sensação de cansaço, como se estivesse anestesiado, pois havia se dedicado com todo o seu empenho. Ao mesmo tempo em que estava cansado, sentia-se feliz por ter participado daquele processo de libertação.

Chegou até a cozinha e encontrou a mesa colocada com uma excelente refeição e, perto da janela, uma espécie de banheira com um banho preparado para ele.

Kangyur não entendeu...

Quem havia preparado tudo aquilo? A casa estava limpa, arrumada como se fosse nova... Como tudo aquilo estava organizado se ele não ouviu barulho algum? Tudo isso soava muito misterioso.

Ele entendeu aquela situação como um presente dos céus. Depois do banho, sentou-se à mesa para alimentar-se.

Enquanto comia, Kangyur agradecia e pensava sobre

tudo o que havia acontecido desde que havia saído de casa. Se ele contasse a alguém, provavelmente zombariam dele, diriam que era impossível. No entanto, ele sabia o que estava vivendo e era isso o que realmente importava, e não a opinião alheia.

Ele se sentia bem, relaxado e feliz quando Enyshasta surgiu.

– Bom dia, pequeno monge!

– Olá, Senhor Enyshasta!

– E então, está tudo bem com você?

– Sim, me sinto muito bem. Só não compreendi como tudo isso se manifestou aqui na casa sem que ninguém tenha entrado aqui. Como isso é possível?

– Agora não é o momento de você compreender esse fenômeno. Mais tarde você vai entender.

– Tudo bem, mas quero agradecer-lhe, caso o senhor tenha participado, pois essa refeição e esse banho foram muito importantes para mim.

– Você teve mérito, Kangyur. E então, meu amigo peregrino, o que vai fazer daqui para a frente?

– Bem, ainda não sei. Estou deixando-me guiar pela corrente do universo, estou seguindo os sinais da minha intuição e, até agora, tudo está dando certo e estou aprendendo muito. Meu objetivo principal é chegar a Shamballa, mas chegarei lá quando for a hora certa. O Senhor já ouviu falar de lá?

– Sim. Eu moro lá.

Nesse momento, Kangyur tomou um grande susto.

— O senhor pode me falar alguma coisa sobre Shamballa? Pode me dar alguma pista?

— Não, Kangyur, isso não me é permitido, mas vou torcer para que você encontre o caminho para lá e venha morar conosco. Nada mais posso lhe revelar.

— Entendo, senhor. Vou conter minha curiosidade.

— E então, amigo, o que você concluiu da experiência de ontem?

— Já pensei sobre o assunto diversas vezes, mas acho que a lição principal que podemos extrair é a de que tudo perece, inclusive nosso corpo físico, e que, se não tivermos o preparo necessário, poderemos sofrer muito por não compreendermos as leis naturais.

— Excelente! Vejo que você aprendeu muito bem os conceitos.

— Estudamos longamente os conceitos do bardo no mosteiro, mas, ao confrontar-me com a situação, principalmente envolvendo outra pessoa, foi muito mais intenso do que eu poderia imaginar.

— A vida é muito diferente da teoria, Kangyur.

— Sim. Quando me deparei com aquele esqueleto sobre a cadeira, tive um profundo contato com a impermanência de tudo. A alma daquele homem ainda estava preocupada com a casa, com os móveis, com os afazeres, sendo que o corpo dele havia morrido há muito tempo. Quando não há dedicação e preparação para o momento da morte, a alma pode perder um tempo precioso em sua evolução, porque não consegue desligar-se do plano material.

— Isso mesmo, garoto. Aí reside a diferença entre ser e estar. A alma estava naquele corpo, porém não era aquele corpo. A maioria dos seres humanos confunde seu ser, que é eterno e perfeito, com seu corpo, que está vivendo uma experiência passageira, a qual chamamos de vida. Em outra encarnação, na qual fui um pensador e filósofo, estudei profundamente o ser, a verdade, a ilusão, a matéria...

— Que interessante, Sr. Enyshasta! Por favor me fale mais.

— Naquela vida passada entendi que somente existe aquilo que é verdadeiro, imaterial, imperecível, incorruptível, perfeito, justo, belo e bom, ou seja, só existe o bem. O mal é uma ilusão criada pela mente humana para justificar seus próprios erros.

— Senhor, acredito no bem, mas o mal é uma realidade.

— Aí você se engana, amigo peregrino. O mal não é uma realidade. Ele está real, ele existe por enquanto, onde há ignorância, e pode ser dissipado, aniquilado se assim o ser humano quiser, pois foi ele mesmo quem o criou e através do seu livre-arbítrio. Sendo assim, somente o ser humano poderá derrotá-lo.

— Ah, entendi... O mal é temporário e o amor é eterno, permanente, durável para sempre?

— Sim. E, se considerarmos que tudo o que pode ser destruído é uma ilusão (não é real) e que tudo o que é verdadeiro dura para sempre, podemos concluir que o mal é uma ilusão e que o amor, o espírito e a energia criadora são a própria verdade, o bem.

— Senhor Enyshasta, o que o senhor pode me dizer, então, dos reinos inferiores? Pois eles existem, não é mesmo?

— Não, Kangyur, eles não existem; eles estão, temporariamente. Só podemos dizer que algo existe se for eterno. Por exemplo, sua alma existe, Deus existe, a energia existe, o espírito existe, a mente existe. Tudo o que é perecível não existe, apenas está, temporariamente. Um dia, quando a profecia de Buddha se cumprir e todos os seres despertarem do sono da ignorância, os reinos inferiores se acabarão. A Terra também não precisará mais existir enquanto reformatório de almas.

— Mas a Terra um dia poderá tornar-se um lugar puro?

— Ah, isso depende de cada um de nós, pois céu e inferno são condições da mente, são estados de consciência. Podemos viver o céu e o inferno em um único dia, e isso nada tem a ver com a Terra, mas com a nossa mente. Todos os seres humanos possuem Mahakaruna dentro de si, mas não o desenvolvem, porque se deixam levar pelas emoções inferiores, como a raiva, a inveja, a cobiça, a ira, o medo, e então se esquecem de quem "são", vivendo para o efêmero, para o temporário, gastando seus dias de vida com coisas que não são importantes. Focam sua atenção na vaidade, no poder, na fama, no dinheiro e se esquecem de que isso tudo passará, se acabará um dia.

— Então podemos concluir que o ser é aquilo que é, pois é eterno, e o restante são coisas que passarão, como o ter, o agir... É isso, senhor?

— Sim, Kangyur, foi exatamente essa a experiência que

você viveu hoje. Aquele homem decidiu viver sozinho aqui nesta casa, porque se sentiu traído por seus familiares. Ele tinha um temperamento difícil para conviver com outras pessoas. Era egoísta, amargo, pouco colaborativo, "reclamão" e ranzinza. Não dividia seus pertences, era mesquinho. Não conseguia dividir nem um alimento. Aos poucos sua família foi-se afastando e ele foi ficando sozinho, até que decidiu sair do lugar onde morava e construir esta casa para passar o restante dos seus dias. Ele morou aqui durante anos, mas sua consciência estava presa às questões mal resolvidas, como as mágoas da família. Então eu lhe pergunto: ele era feliz aqui? Ele estava sozinho ou vivia na companhia de suas tristes lembranças e mágoas?

— Entendo, senhor. Definitivamente céu e inferno são estados de consciência.

— De que adiantou viver neste lugar lindo, junto à natureza, se dentro dele havia diversos sentimentos negativos que ele nunca conseguira esquecer? Ele bem que tentou fugir, mas foi adoecendo de tanto sentir esses sentimentos densos. Já estava viciado em reclamação e em tristeza, portanto nada poderia ser feito. Então ele foi morrendo aos poucos, até que um dia seu corpo físico morreu naquela cadeira, atrás da casa.

— Como é triste quando alguém desperdiça sua vida com o que é efêmero! Eu não quero isso para mim!

— Meu caro jovem, você já vem purificando-se há muitas vidas para chegar ao estágio em que está, mas isso partiu de uma decisão sua de querer evoluir. A escolha é sempre nossa.

Somos sempre nós que definimos o que queremos da vida. Algumas pessoas decidem evoluir pelo bem e outras, pelo caminho difícil da dor. Mas todos precisam evoluir, pois é uma lei natural. Quem decide pelo bem abre o coração para a felicidade e pelo Mahakaruna; quem decide evoluir pelo árduo caminho da dor experimenta os sentimentos mais amargos e a resistência ao amor e então, quando a dor fica insuportável, normalmente a pessoa se entrega e humildemente aceita a ajuda do Plano Superior.

— Essa é uma espécie de justiça divina se manifestando?

— A justiça divina é o próprio amor. A espiritualidade nunca impõe algo, nem castiga, nem julga, nem liberta. Quem faz isso é a própria pessoa, através da sua própria consciência. Não existe uma entidade que regula isso, além da própria consciência, que emite os julgamentos, que decide o que pensar, o que sentir. Tudo parte da mente. O universo é mental.

— Então o homem que aqui morreu ficou preso em sua própria rede de sentimentos e pensamentos densos?

— Sim. Ele decidiu se comportar dessa forma e sua própria mente o destruiu, como acontece em muitos casos de pessoas que morrem de doenças graves. A doença também não existe; é uma criação da nossa mente. Mas lembre-se disto, amigo: sempre podemos escolher pelo caminho de evolução. De certa forma, todos os seres humanos são bodhisattvas, porque o universo anda para a frente e todos um dia vão evoluir e se iluminar. Mas cada um tem seu ritmo e sua vontade, e o tempo difere para cada um de nós.

— Existe alguma fórmula ou segredo para sermos sempre saudáveis? É errado ter medo, mágoa, inveja, raiva, cobiça, ira, preocupações?

— Kangyur, na nossa matriz essencial só há o amor. O amor e os sentimentos que dele derivam, como compaixão, criatividade, beleza, harmonia, brotam na parte mais minúscula do nosso ser. É lá que tudo começa. Fomos criados para sentirmos o amor mais puro e sublime e, quando começamos a sentir e pensar de uma forma contrária ao amor, tudo isso vai danificando a nossa saúde, pois sentir algo diferente de amor não é condizente com a nossa natureza.

— Entendo. Não é proibido se aborrecer, mas isso contamina nossa essência por sermos incompatíveis com a energia do aborrecimento.

— Nada é proibido, Kangyur. Todos podem fazer aquilo que quiserem, desde que respondam por suas escolhas de acordo com as leis naturais.

— Compreendo esses conceitos, mas na prática é muito diferente, senhor. Eu já me aborreci muitas vezes.

— Sim. Seus **chacras**[12] ainda não estão purificados e reagem ao ambiente de forma instintiva. Quando cada um dos seus chacras principais consegue conectar-se à essência superior, é como se eles desenvolvessem uma forma de raciocínio próprio. Em cada chacra há uma mente, que, se

---

12 - Chacra – Palavra originária do sânscrito, significa "roda" ou "roda de luz". Os chacras são os centros de energia do corpo humano que interagem com o ambiente, distribuindo energia de campo para campo e abastecendo energeticamente as glândulas endócrinas principais. São também conhecidos como centros de consciência, por armazenarem informações sobre a missão da nossa alma.

conectada à mente divina, flui equilibradamente. Assim os chacras param de reagir instintivamente e cumprem o seu propósito divino de levar consciência para determinadas partes do seu corpo. Quando nossos chacras estão iluminados e vibrando em uma frequência equilibrada e alinhada, somos realmente felizes, pois experimentamos um equilíbrio inigualável, harmonizando-nos com o Todo.

– Por isso Buddha dizia que o controle da mente é tão importante.

– Sim, pois, através da vigília dos nossos pensamentos, administramos nossos sentimentos e definimos os rumos de nossa evolução. Essas decisões são tomadas a cada instante. Como já dissemos anteriormente, a Terra é um reformatório de almas e quase todos que aqui estão e possuem corpo físico têm desafios a cumprir. Cada um está em um estágio evolutivo e por isso sempre podemos evitar os julgamentos.

– Como assim, Senhor Enyshasta?

– Quem ainda se encontra em um estágio inferior tem muito para aprender e precisa de muito amor e oração para encontrar a sua estrada de libertação. Quando julgamos e apontamos os defeitos dos outros, nós nos esquecemos que há bem pouco tempo passamos pelas mesmas dificuldades por que hoje ele passa. São justamente essas pessoas que precisam das nossas orações e da nossa ajuda, independentemente dos seus comportamentos. Mesmo que elas sejam pessoas difíceis de conviver e tenham optado pelo caminho da dor, podemos respeitar sua decisão. Elas são merecedoras do nosso amor tanto quanto os outros seres.

— Então, independentemente do grau de evolução, da ignorância em que ela se encontre, a pessoa sempre recebe o amor da Fonte Criadora?

— Sempre, meu amigo. O Plano Espiritual sempre ampara seus filhos, encontra um jeito de ajudá-los, mas respeita incondicionalmente a lei natural do livre arbítrio. Se a opção é pela dor, o Plano Maior respeita. Se a opção é pelo amor, como a escolha que você fez, respeita também. Só quem julga é a própria consciência. Não existe castigo ou punição.

— Por isso devemos agir como o Plano Espiritual?

— Sim, com humildade, tentando sempre auxiliar quem está à nossa volta, extraindo lições de todas as situações e também inspirando outras pessoas a seguirem um caminho de amor e iluminação.

E eles ficaram por ali, conversando até o anoitecer. Enyshasta despediu-se dizendo que o aguardava em Shamballa, mas que, antes de chegar lá, Kangyur teria de atravessar algumas dificuldades, testes e provações, e que ele estava orando para que o menino conseguisse – afinal de contas, só pessoas de coração puro conseguem entrar em Shamballa. Ele disse a Kangyur que, se o garoto precisasse de qualquer ajuda, bastava pensar nele que ele viria auxiliá-lo no que fosse preciso, desde que eles estivessem em conexão e, para isso, nosso nobre peregrino teria de manter a sintonia elevada.

Kangyur sentia que algo havia sido ativado em sua alma. Parecia que tudo estava mais claro, que sua lucidez havia aumentado, que ele compreendia todas as coisas. Sentia-se animado, contente e mais maduro – afinal de contas, as últimas experiências haviam lhe ensinado muito.

No dia seguinte, o garoto arrumou suas coisas, despediu-se do local, agradeceu à natureza e seguiu sua viagem rumo à iluminação.

CAPÍTULO IX

✻ SERINA E A CARAVANA ✻

Kangyur estava há muitos dias caminhando por uma região desértica para tentar chegar à Índia. Ele tinha curiosidade em conhecer a cultura daquele povo tão cheio de alegorias, deuses e mitos. Queria ter mais conhecimento, já que sua religião teve origem no hinduísmo, pois Buddha, antes de iluminar-se, era um príncipe que seguia as tradições do hinduísmo. Kangyur já havia ouvido uma palestra de um mestre indiano no Mosteiro, que trouxe conhecimento sobre os Vedas: as escrituras sagradas da Índia. O rapaz interessou-se principalmente pelo Ayur-Veda, que tratava da anatomia sutil do corpo humano, das doenças, da saúde, da cura integral e da medicina em geral. Interessou-se também pelos épicos Ramayana e Baghavad Gita, que contam a história do Príncipe Rama e de Krishna, respectivamente.

Nosso nobre rapaz seguia motivado para a Índia em busca de todos esses conhecimentos, mesmo com todas as dificuldades e com a falta de recursos da sua peregrinação. Ele estava há muito tempo sem contato com ninguém e com muito pouca água. Não havia um único local em seus pés que não houvesse bolhas, e ele começava a sentir-se doente. A comida estava acabando e seus recursos físicos iam diminuindo cada vez mais. No entanto, Kangyur era positivamente teimoso e um tanto rebelde, por isso lutaria até o fim se fosse preciso. Não se entregaria facilmente. Ele estava ávido por conhecer a Índia e seus mistérios.

O jovem continuou sua jornada por mais um dia inteiro sob o sol escaldante de uma região muito árida, a uns sete dias a pé da fronteira com a Índia. Naquela noite, fez uma fogueira embaixo de uma frondosa árvore e por ali ficou adormecido até de manhã, para recuperar suas forças. Ainda se sentia satisfeito com os alimentos que havia comido, mas sabia que em breve precisaria alimentar-se.

Kangyur acordou naquela manhã, bebeu a água do orvalho que recolhera naquela noite e seguiu em direção à Índia.

Perto do meio-dia, suas forças estavam exauridas. A falta de água e de comida o estava esgotando, e o rapaz já não sabia se estava em sã consciência, pois seus sentidos estavam se perdendo em meio ao calor intenso daquele lugar.

Tentou andar mais um pouco, mas não tinha forças. Quando encontrou uma sombra, sentou-se e aos poucos foi ficando zonzo, como se fosse desmaiar.

Kangyur começou a escutar um barulho ao longe, mas não tinha forças para levantar-se; estava entregue. Era um barulho diferente, um zumbido como se fosse um sonar. O que quer que fosse o barulho, ele não teria a menor condição de se defender, pois estava com a boca seca e perdendo os sentidos.

Ele ainda conseguia manter os olhos abertos quando avistou uma enorme serpente saindo do meio das pedras e preparando-se para dar-lhe o bote.

Kangyur ficou tomado de medo, mas não tinha forças para reagir. Aquele certamente era o momento mais assustador da sua vida. Ele mentalmente chamou por Enyshasta, por Pã, por Buddha, mas sua sintonia estava tão prejudicada por conta da exaustão que ele não conseguia conectar-se a eles.

Ele se lembrava de histórias que tinha ouvido sobre encantamento de cobras e animais selvagens e só conseguia pensar no Vajra Guru Mantra, um dos seus preferidos. Então ele começou a cantá-lo para a cobra:

Om Ah Hung Benza Guru Pema Siddhi Hung
Om Ah Hung Pema Siddhi Hung

Ele não tinha o que fazer, pois, se se movesse, a serpente o atacaria. Se ficasse parado, ela o atacaria da mesma forma. Só lhe restava cantar para ela. Ele estava entregue, certo de que morreria ali, como o homem na cadeira, e isso encheu seu coração de tristeza. Quem o encontraria naquele lugar longínquo? Então, enquanto recitava o mantra, ele começou a repetir mentalmente "Eu não sou o corpo físico, eu não sou o corpo físico, eu não sou o corpo físico, eu não sou o corpo físico, eu não sou o corpo físico...", pois pensou que, se ao menos morresse ali, tentaria libertar-se do corpo físico.

Contudo, mesmo com a certeza de que morreria, Kangyur percebeu que a serpente ficou encantada pelo mantra e foi afastando-se, afastando-se e recuou, como que o reverenciando.

Quando ele já estava perdendo suas forças, avistou ao longe uma caravana e tentou reaver seus sentidos para pedir ajuda, mas não conseguiu e desmaiou, em uma mistura de alívio, pavor e certeza de que iria morrer.

A alma de Kangyur começou a desacoplar-se, e ele via seu corpo de cima, como se o estivesse visualizando pela última vez. Nessa hora ele acreditou que iria morrer! Então, ao seu lado, fora do corpo, uma alma feminina o recebeu e o tranquilizou, dizendo que ele não estava morto, mas sim tendo consciência de sua saída do corpo. A moça de semblante delicado disse à alma de Kangyur que voltasse ao corpo, pois seria socorrido. Kangyur então voltou ao corpo e perdeu a consciência.

Dois dias depois, Kangyur abria seus olhos, enxergando tudo embaçado.

Ele estava muito cansado, mas, pelo que podia perceber, repousava dentro de uma tenda e um rapaz o observava atentamente. O rapaz falava em hindi e ele nada compreendia. Kangyur tentava, através de gestos, agradecer ao rapaz pelos cuidados e pelo socorro que o havia salvado. Aos poucos ele foi recobrando seus sentidos e tentando compreender o que se passava naquele local.

Tratava-se de uma delegação da Índia que estava voltando do Tibete, pois participara de festividades para as quais fora convidada. Depois de tantos dias sem ver ninguém, Kangyur estava meio zonzo com os murmúrios de todos.

Quem o socorreu foi um rapaz chamado Meryphás, que era muito alegre, divertido e que estava treinando seus conhecimentos de **neófito**[13] da medicina ayurvédica. Kangyur bem que gostaria de conversar com o rapaz, mas não compreendia uma só palavra do que ele dizia.

Nosso nobre peregrino ficou encantado com a habilidade de Meryphás e queria aprender sobre algo que seu novo amigo intitulou de **"doshas"**[14], mas ele sabia que precisava ter paciência, tolerância, muita calma e que, com o passar dos dias, ele se habituaria, aprendendo muito com aquelas pessoas.

A caravana tinha cerca de cinquenta pessoas, entre servos, cozinheiros, guardas, médicos e nobres, que compunham a comitiva de uma família indiana muito importante e influente.

Quando Kangyur já estava alimentado e recuperado, saiu da tenda, indo para o acampamento, caminhando bem devagar com seu novo amigo, e foi apresentado a todos, iniciando novas amizades com aquelas simpáticas pessoas. Ele demonstrava muita gratidão a todos que encontrava.

Como Kangyur havia acordado e estava bem, no outro

---

13 - Neófito – Aprendiz, novato, iniciante.
14 - Doshas é a caracterização do perfil biológico do indivíduo, de acordo com a medicina ayurvédica. Existem três doshas: *Vata*, *Pitta* e *Kapha*, sendo que cada um apresenta suas características individuais. Todas as pessoas possuem os três doshas, mas em proporções variadas. Eventualmente, há excesso ou carência de um dos três doshas, o que constitui um desequilíbrio, que pode originar uma doença. O ayurveda restabelece o equilíbrio original dos doshas da pessoa por meio de dietas, exercícios físicos, uso de plantas medicinais, meditação, yoga e massagem.

dia a caravana partiria para a Índia. Então, naquela noite, resolveram fazer uma pequena festa no acampamento, para comemorar o sucesso da viagem. Os indianos são muito festivos e alegres.

Foi nessa festa que Kangyur sentiu a emoção mais forte de todos os seus dezoito anos de vida. Durante a festa, que estava animada com muita música, da tenda mais bonita e iluminada surgiu Serina, a moça mais linda e radiante que ele já havia visto. Ela tinha mais ou menos a sua idade e dançava como se fosse flutuar. O olhar de Serina era tão profundo que sacudia a alma de nosso nobre peregrino, deixando-o extremamente inquieto. Serina era esguia, com longos cabelos negros e lisos, de uma beleza sem igual. Ele ficou tão desconcertado que não sabia o que fazer. Nada o havia deixado daquele jeito. Ele não sabia se sentava, se ficava de pé, se saía correndo, se sorria, se chorava de emoção, se cantava ou gritava.

Kangyur estava totalmente enfeitiçado pela beleza da moça, que era filha de um dos homens mais influentes e importantes de toda a Índia.

O rapaz estava apaixonado pela primeira vez.

Seu coração batia numa frequência aceleradíssima, como se fosse saltar pela boca.

Serina dançava lindamente junto com as outras moças, que eram suas amas. Ela tinha o sorriso mais magnético do mundo. Todos a reverenciavam, pois viam em Serina uma esperança de dias melhores.

Kangyur, de forma gestual, perguntou a Meryphás quem era a moça, e ele respondeu:

— Ela é Serina, uma sacerdotisa de nosso país que possui grande mediunidade e conexão espiritual. Ela optou pela vida no sacerdócio e seus pais concordaram. Veja, Kangyur, nunca se aproxime dela nem lhe direcione o olhar, pois os guardas têm ordem expressa para cortar a cabeça de qualquer estranho que dela chegar perto.

— Tudo bem, Meryphás, eu só estava curioso para saber quem é a moça.

— Ela fala sua língua.

Kangyur tentou disfarçar, mas o amigo percebeu que ele estava perdidamente apaixonado.

Kangyur tentou argumentar com Meryphás que seria interessante solicitar uma audiência com a moça, pois, como ela falava sua língua, poderia ajudá-los a entenderem-se melhor, e Meryphás lhe respondeu:

— Duvido que nossos guardas permitam que você dirija a palavra a ela, mas posso pedir a meu pai, o qual é o médico e conselheiro que está sempre junto a ela, que solicite uma audiência com Serina, mas duvido que conseguiremos.

Kangyur ficou atônito! A moça falava a língua dele... Mas por quê? Como ela havia aprendido? O que ele falaria com ela? Será que conseguiria? Ele sentia uma espécie de paixão avassaladora, medo, inquietação, pavor e demorou bastante tempo para voltar ao seu equilíbrio, tanto que naquela noite nem dormiu. Ele não se lembrava de um dia sequer em sua vida ter ficado uma noite inteira acordado pensando em alguém.

Nesse momento ele buscava refúgio na Bodhicitta, nos mantras, pensava em Buddha e em seus ensinamentos, em Drongpa, pediu ajuda a Pã, a Enyshasta, mas nada lhe ajudava. Pensou em todos os anos de treinamento no Mosteiro para tentar dominar suas emoções, mas tudo era em vão. Kangyur pegou seu japamala e recitava muitos mantras, mas em sua mente só existia um pensamento: Serina.

Ele sentia que a menina tinha sequestrado sua alma e que ele não era mais dono de si, pois não havia o que pudesse fazer para controlar o que estava sentindo.

O que estaria acontecendo?

Onde estava Buddha e seus ensinamentos?

Kangyur sentia que a havia reencontrado e a única vontade que tinha era de estar perto dela.

Ele racionalmente se lembrava dos votos que havia feito para encontrar o caminho da iluminação, lembrava-se dos ensinamentos de seu lama, mas sentia tudo diferente do que havia aprendido. Ele achava que já havia dominado seus instintos inferiores, mas nesse momento tinha a certeza de que não havia chegado perto de dominá-los.

Para sua surpresa, na manhã seguinte, Kangyur foi chamado à tenda de Serina. Ele ficou muito nervoso, ensaiando o que falaria com ela.

Quando chegou o momento, Kangyur tremia, não conseguia controlar os instintos. Serina transmitia uma energia poderosa, fazendo com que todos à sua volta sentissem vontade de reverenciá-la, tanto pela sua rara beleza quanto pela sua simpatia e humildade.

Kangyur então entrou na tenda e ficou de cabeça baixa, pois não poderia olhar nos olhos da moça. Ela estava sentada em uma cadeira de espaldar alto, com vestes brancas, o que a deixavam com um semblante ainda mais próximo da perfeição divina. Ela transmitia pureza, alegria, felicidade e muita sabedoria.

Quando viu Kangyur, Serina docemente disse:

– Olá, nobre amigo, como tem passado? Fiquei sabendo que você foi recolhido por nossa caravana quando estava desmaiado.

Kangyur não conseguia olhar para ela.

Ela continuou:

– Amigo, pode me olhar nos olhos.

– Desculpe senhorita, é que me recomendaram que não lhe dirigisse o olhar.

– Mas estou permitindo. Vamos conversar frente a frente. Sinto a pureza de sua alma.

Kangyur levantou o olhar e, quando eles se viram, foi como se ambos conseguissem mergulhar um na alma do outro. Eles se reconheceram naquele momento. Nosso peregrino estava zonzo, pois parecia que ele já estava em Shamballa. A energia de Serina era tão confortante, transmitia tanto alento e divindade que ele não conseguia falar.

Ela disse:

– Diga, rapaz: por que solicitou uma audiência comigo?

– Porque primeiramente quero agradecer a bondade que vocês tiveram de me socorrer e tratar até que eu recuperasse minha saúde. E também porque a senhorita fala a minha língua, e isso facilita tudo. Não consegui conversar ainda com Meryphás, que me tratou tão gentilmente.

– Tudo bem, rapaz. Não poderíamos deixá-lo naquele lugar. Fui eu quem o avistou desmaiado e jamais teria paz se o tivesse deixado lá. Até pedi que acampássemos para cuidar de você.

Kangyur ficou ainda mais nervoso em saber que foi Serina quem o viu e permitiu que ele fosse socorrido.

Ela continuou:

– O que você faz por aqui?

– Eu me preparei durante anos em um Mosteiro, no vilarejo onde eu morava, para realizar uma peregrinação em busca de evolução espiritual.

– Oh! Que encantador! É isso que busco também. Você é corajoso em sair pelo mundo em busca de respostas, sozinho, com poucos recursos.

– Não faz muito tempo que parti, mas já aprendi mais na peregrinação do que em todos os anos de Mosteiro. A experiência é muito mais intensa do que a teoria. Quando estamos próximos aos nossos familiares e amigos, nós nos sentimos seguros e protegidos e, quando estamos afastados, precisamos enfrentar todos os tipos de desafios e provações. Sinto que estou crescendo com a minha decisão.

Então Serina disse:

– Eu procuro os portais de Shamballa, Kangyur, pois é para lá que um dia quero ir.

Kangyur ficou ainda mais nervoso.

– É isso que também busco, senhorita Serina. Caminho

incansavelmente para encontrar Shamballa, mas são raras as informações sobre esse abençoado lugar e sobre os seres que lá habitam.

— Veja, Kangyur, já ouvi falar que os portais de Shamballa se abrem em qualquer lugar quando a pessoa que procura está com o coração purificado. Quando os chacras atingem determinado grau de purificação, Anahata, que é o nosso chacra cardíaco, purifica-se e estabelece a conexão entre Céu e Terra, que habilita o buscador a entrar em Shamballa. Se essa pessoa mantiver a sintonia, poderá até ficar morando por lá, mas para isso deve trilhar uma senda que depende dos aprendizados de vidas passadas e do acúmulo de dharma. Isso é o que ouvi dizer por aí; pode ser apenas lenda.

— Eu agradeço, senhorita Serina. Agora muitas coisas fazem sentido para mim! Por favor, a senhorita me permite fazer uma pergunta indiscreta?

— Claro! Se eu não puder, não responderei.

Kangyur ficava cada vez mais impressionado com a firmeza, a maturidade e a sabedoria de Serina.

— Bem, tenho a impressão de que já a conheço, pois me identifico muito com a senhorita.

— Sim, Kangyur, já nos conhecemos de vidas passadas e dos períodos intervidas.

— Perdão, mas como sabe disso?

— O Mestre que me treinou desde a infância avisou-me de que eu encontraria minha alma gêmea caída no deserto e que, se eu não a salvasse, nenhum de nós dois chegaria ao nosso objetivo. Então, quando o vi caído, sabia que se tratava de meu complemento divino. Somos consortes, Kangyur.

Somos feitos da mesma essência espiritual, divididos em dois gêneros, masculino e feminino, e juntos formamos um par perfeito.

Nesse momento, Kangyur pensou que poderia ficar louco. Seria uma declaração de amor? Contudo, ela falava de uma forma não emocional, como se fosse a coisa mais natural do mundo. Ele estava boquiaberto, pasmo, pois sentiu que seu amor por Serina era correspondido.

Ela continuou:

– Assim como Rama precisava de Sita, Krishna precisava de Radha, para cumprir nossa missão precisamos um do outro. Devemos agradecer ao Plano Espiritual, pois é muito raro duas almas gêmeas encarnarem ao mesmo tempo, em corpos físicos saudáveis, e ainda se encontrarem na mesma vida.

E então Kangyur pensou que, se ele tivesse ficado mais um dia na casa do Senhor Chang Po ou mesmo na sua casa, jamais a teria encontrado. Então, com a doçura que lhe era característica, ele disse:

– Entendo tudo o que a senhorita disse, mas fiz o voto do bodhisattva e, embora você seja a pessoa mais bela que já vi no mundo, eu não posso me casar. Peço desculpas se a decepcionei.

Serina disparou uma enorme gargalhada:

– Quem aqui falou em casamento, Kangyur? Está louco! Sou uma sacerdotisa, também preciso manter meus votos. Não confunda as coisas, meu amigo. As almas gêmeas encontram-se para cumprir uma missão espiritual, e isso nada tem a ver com um relacionamento romântico. Em alguns casos até pode acontecer, mas nós dois nos encontramos para aprendermos um com o outro, porém sem apegos. Pertencemos à mesma alma-grupo e, nessa individualidade em que estamos agora, como Serina e Kangyur, existem informações que estão com você e outras que estão comigo. Precisamos trocar, compartilhar um com o outro.

Kangyur ficou pensativo.

Ela continuou:

– Você aceita passar uns tempos em minha casa, na Índia, para que possamos aprender um com o outro?

– Sim, senhorita Serina, mas antes preciso dizer-lhe uma coisa.

Kangyur apertou a boca, espremeu os olhos, sua pressão aumentou e ele achou que teria uma síncope, quando rapidamente disparou:

– Estou apaixonado pela senhorita. Cada vez que sua face vem em meu pensamento, minha fisiologia se altera e fico muito nervoso, desequilibrado.

– Fique tranquilo, Kangyur. Isso vai passar.

– Como pode ter tanta certeza?

– Eu fui preparada desde criança pelo meu Mestre para esse momento e você sequer sabia que ele aconteceria. Foi pego de surpresa; aos poucos você vai acostumar-se. É tão bom encontrar nosso par que não cabemos dentro de nós mesmos, e o **chacra manipura**[15] reage a isso com o mecanismo da paixão, que é instintivo. Como esse é

---

15 - Chacra Manipura – Chacra localizado na região do umbigo, vinculado às funções estomacais. Nesse chacra são processadas e armazenadas as emoções mais intensas e viscerais, como paixão, raiva, medo, mágoa, ansiedade, agonia, ódio, euforia.

o chacra do poder, ele literalmente quer apoderar-se do objeto de desejo, que nesse caso sou eu. Não se culpe por sentir desejo; apenas controle sua mente para que seu chacra manipura (plexo solar) se equilibre e pare de reagir instintivamente. Mas vá se acostumando com a ideia, pois tenho muitas coisas a lhe dizer.

– A senhorita já se apaixonou?

– Não. Já dominei essa questão em uma vida passada. A paixão é um mecanismo da natureza que atrai magneticamente duas almas que precisam resgatar carmas, harmonizar-se e se reconciliar. A paixão serve apenas para isso. Como nós dois não temos carma um com o outro, mas precisamos realizar nosso dharma, fique calmo, pois essa emoção instintiva vai passar.

– Vejo que sim... Desculpe-me, mas estou muito intrigado com tudo isso! Preciso pensar e me reorganizar internamente! Foram muitas as surpresas e já treinei o desapego, mas nosso sistema guia insiste em controlar o que está à nossa volta, acho que por instinto de sobrevivência. E acabo de perceber que só podemos controlar a nossa mente e mais nada.

– Quando eu tinha cinco anos, Kangyur, minha família percebeu que eu tinha dons diferentes das outras crianças da família. Então meu pai, que pertence à casta dos **brâhmanes**[16], entregou-me aos cuidados de um Grande Mestre Indiano para que eu recebesse treinamento. Meu Mestre sempre

---

16 -Brâhmanes – Casta superior da tradição hindu na qual estão inseridos os sacerdotes, os conhecedores da verdade de Brahman, a alma cósmica, segundo o hinduísmo.

enxergava você, e por isso recomendou que eu estudasse sua língua, pois sabia de onde você vinha. E meu Mestre sempre me dizia para estudar bastante, pois, quando o dia chegasse, eu saberia me comunicar com você. Então, desde os meus catorze anos realizo essa caravana na época das festividades para tentar encontrá-lo, e estou muito feliz por isso. Preciso da sua ajuda! Eu mantenho uma escola na cidade onde moro, especializada em educar as crianças mais carentes, ensinando-lhes cultura religiosa, yoga e educação formal. Tenho certeza de que você vai colaborar muito em nossas aulas.

Kangyur já estava quase se sentindo vaidoso com toda essa história quando se lembrou da qualidade Mahakaruna. E, cada vez que ele pensava em Serina e a paixão tentava dominá-lo, ele se lembrava do esqueleto na cadeira. Ela não era diferente. A única diferença é que ela estava bem mais bela do que o homem que havia morrido, mas tudo isso era ilusão, porque um dia ela também chegaria àquele estágio. Então, pensando dessa maneira, ele a ajudaria como ajudou aquele homem, sem julgamentos. Ele só precisava controlar seus instintos primitivos e ir morar um tempo na Índia para ajudá-la no que fosse preciso. Ele pensou tudo isso em segundos e respondeu:

– Compreendo, senhorita Serina. Vou ajudá-la em tudo o que for preciso, mas depois de um tempo seguirei em minha jornada para Shamballa, pode ser?

– Pode, amigo. Ou deveria dizer irmão?

Eles sorriram, abraçaram-se e comemoraram o reencontro. Kangyur sentiu toda a energia do Universo naquele abraço. Parecia que sua alma estava completa, branda e feliz.

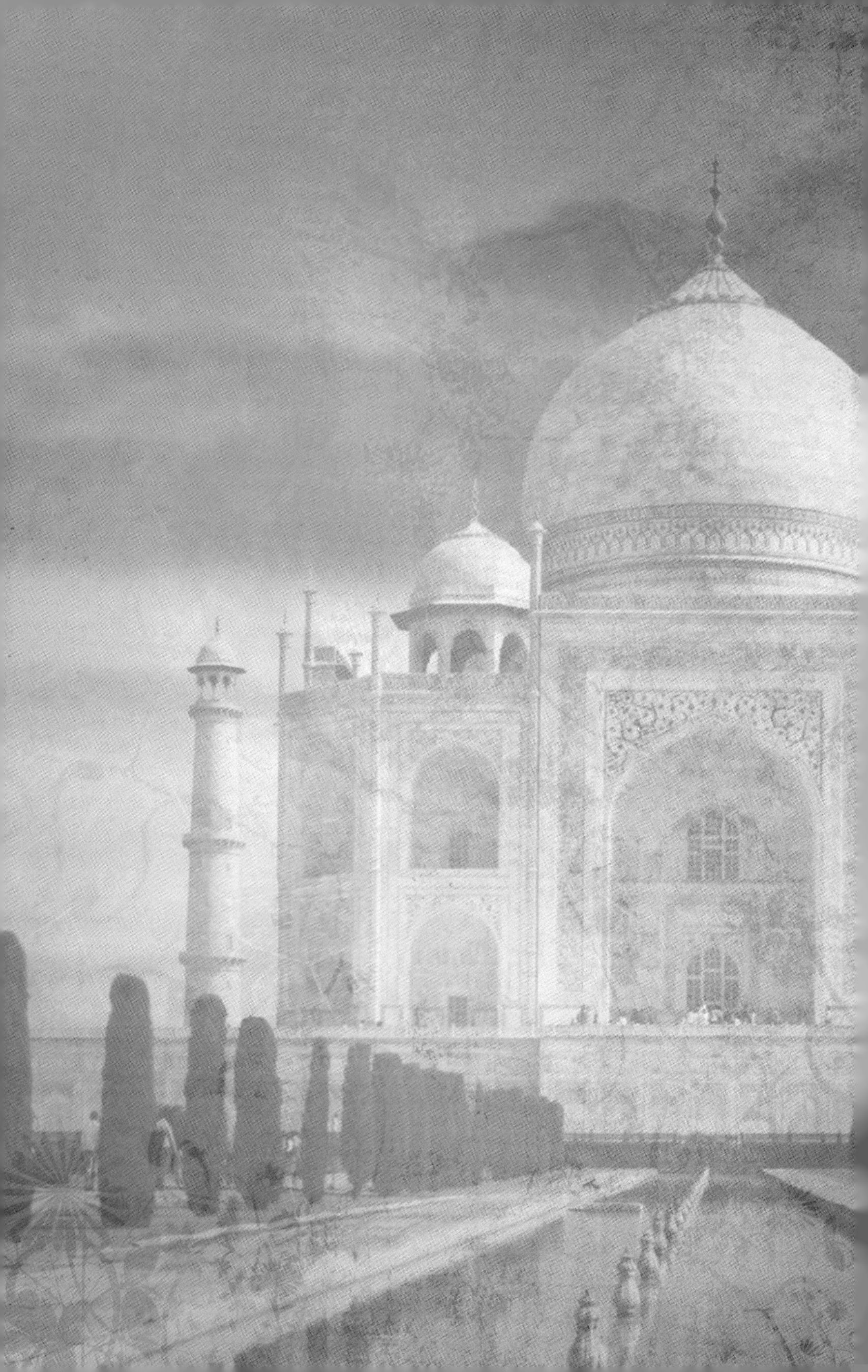

CAPÍTULO X

✢ OS MAHATMAS ✢

A caravana seguiu por vários dias até chegar à Índia. Kangyur estava feliz e parecia que havia encontrado uma nova família. Já estava enturmado com todos e totalmente integrado ao novo estilo de vida e à nova cultura. Sentia-se um verdadeiro cidadão do mundo, e Meryphás e Serina haviam se tornado seus melhores amigos. Ele ainda ficava impactado com a beleza da moça e às vezes se perdia em devaneios, mas rapidamente se recobrava e mudava sua mente, recitava mantras e utilizava-se de outros mecanismos para controlar seus instintos.

Dias depois, eles chegaram ao local onde Serina morava. Quando chegaram perto, Meryphás avisou:

— Mantenha a calma, amigo. Pelo que sei, em seu vilarejo as construções são muito simples.

— Por que está dizendo isso, Meryphás?

Quando a carruagem fez a curva, Meryphás apontou com o dedo e disse:

— Por isso, Kangyur.

Nosso nobre peregrino soltou um grito de estupefação:

— Por Buddha! Serina mora nesse lugar?

— Sim, todos nós moramos.

— É um palácio!

Kangyur ficou encantado com a construção: um palacete construído em estilo indiano, de mármore, com esculturas de elefantes brancos na frente. Muitos empregados aguardavam a caravana em festa.

— Sim, e você vai morar lá, em um quarto todo seu, com toda a pompa e circunstância.

— Não preciso de nada disso. Posso ficar em qualquer lugar. Estou acostumado a dormir na rua ou no chão. Nunca precisei de luxo. Sou apenas um aspirante a monge.

— Mas Serina fez questão e pediu que eu cuidasse de tudo pessoalmente.

— Tudo bem. Independentemente do lugar em que eu ficar, sei que é tudo ilusão mesmo. O lugar não me importa, desde que eu tenha paz no coração. Só não abro mão de uma coisa: das minhas roupas monásticas.

— Tudo bem, amigo, mas posso pedir para as costureiras do palácio fazerem roupas novas? As suas roupas estão muito esfarrapadas.

— Pode ser, mas igualzinha a essa, pois não quero, nem por um segundo, esquecer minhas raízes e tradições.

As carruagens foram adentrando o terreno do palácio, que mais lembrava uma fazenda. Era uma área enorme, com muito verde e lindos jardins floridos. Kangyur ficou tão encantado com a beleza do lugar que brincou com Meryphás:

— Aqui é Shamballa?

E Meryphás respondeu:

— Não, amigo. Dizem que Shamballa é muito mais bonito.

— É difícil de imaginar um lugar mais bonito do que esse.

Todos foram descendo dos cavalos e das carruagens e direcionando-se para suas casas e seus aposentos, pois a caravana já havia saído há muito tempo e todos precisavam descansar.

Serina pediu a Meryphás que preparasse um jantar durante aquela semana para que Kangyur conhecesse toda a sua família e seu Guru Raghav.

Durante aquela semana, Kangyur e Meryphás descansaram, passearam pelo palácio, e Serina muitas vezes atuava como tradutora para que os dois se entendessem. Muitas vezes eles trocavam a ordem das palavras, causando uma verdadeira confusão, o que os divertia muito.

Meryphás pensou em organizar o jantar para dali a dez dias, pois seria o aniversário de Serina; assim ele poderia convidar as pessoas de quem ela gostava.

Quando Meryphás perguntou a Kangyur o que ele pensava sobre isso, o peregrino exclamou, surpreso:

— Não acredito! Quantos anos Serina fará?

— Dezenove.

— Ela nasceu no mesmo dia em que eu nasci! Farei anos no mesmo dia em que ela.

– Ótimo! Assim nossa festa estará completa! E isso não é por acaso, Kangyur. Vocês chegaram à Terra no mesmo dia, e também por isso são um par perfeito.

Kangyur cada vez mais ficava surpreso com as coincidências, que apenas refletiam que o universo havia planejado todos os acontecimentos.

Meryphás continuou:

– Pedirei ao Guru Raghav e aos pais de Serina que me ajudem a convidar algumas pessoas para tornar nossa noite ainda mais agradável.

Kangyur completou:

– Se precisar de alguma ajuda, por favor, me solicite.

Kangyur estava feliz com a rotina do palácio. Tudo era maravilhoso, as pessoas trabalhavam felizes, a família de Serina era muito simpática e acolhedora, e uma energia boa transbordava em cada canto do lugar.

Finalmente o dia do jantar havia chegado. Naquele lindo dia de sol, Kangyur acordou cedo e foi meditar no jardim para agradecer por tudo o que havia aprendido nesses dezenove anos em que estava na Terra. Ficou ali durante cerca de duas horas, de olhos fechados, respirando profundamente, apenas sentindo a vida pulsar dentro de si. De vez em quando ele se lembrava da vida no vilarejo e no mosteiro. Ele sentia saudades, mas sabia que estava no caminho da missão de sua alma.

Ao entardecer, tudo estava lindamente preparado para o aniversário de Serina, que era tratada por todos como uma verdadeira princesa, um título que ela não tinha de direito, mas todos a consideravam de fato, por sua nobreza interior, sua sabedoria e beleza.

Kangyur e Meryphás já estavam no salão conversando com alguns convidados quando surgiu Serina, radiante como o próprio sol. Divinamente ornada com uma maquiagem que a fazia tornar-se uma deusa, suas mãos pintadas com henna e as joias a deixavam ainda mais linda. O cabelo preso e a pele morena contrastavam com o sari branco, bordado finamente com fios dourados que ela usava naquela ocasião tão especial.

Ela estava feliz por finalmente apresentar o guru Raghav a Kangyur. Todos estavam alegres e muito contentes quando o aspirante a bodhisattva avistou o guru, um homem de meia-idade e porte imponente. Ele mais parecia um guerreiro, pois era alto, forte e intimidador. Ele trouxe alguns convidados e, quando Kangyur olhou para a porta, não acreditou no que via! Teve uma mistura de diversas sensações! E a sensação que despontava era o contentamento.

Seu coração disparou, pois naquele momento surreal entravam pela porta as pessoas que se reuniam na Casa da Ravina quando ele era ainda uma criança. Kangyur sentiu uma imensa felicidade ao avistar Hilarion, Mahatma El Morya, Mahatma Kuthumi, Djwhal Khul e Helena Blavatsky entrando pela porta. Tudo se encaixava perfeitamente. Em um momento, tudo parecia sincronizado e a felicidade não cabia dentro dele.

Eles se acomodaram em finas poltronas que decoravam

o belo salão, pois, pelo visto, pareciam muito íntimos do guru Raghav e do pai de Serina, como se já se conhecessem há muito tempo. Todos conversavam rindo e celebrando aquele momento feliz.

Depois do jantar, todos se reuniram na biblioteca para conversar, enquanto Kangyur permanecia na sala com Meryphás.

Nesse momento, Djwhal Khul chamou Kangyur, dizendo:

– Venha participar amigo. Agora você não precisa ficar escutado atrás da porta, como fazia na Casa da Ravina.

Kangyur ficou envergonhado, pois pensou que ninguém além de lama Drongpa soubesse do seu segredo. Ele baixou a cabeça e entrou na sala, com certo receio de que fosse desmascarado diante de todos.

Mahatma Kuthumi falou:

– Venha, meu jovem, junte-se a nós!

– Com licença, senhores. Muito prazer! Meu nome é Kangyur.

– Nós sabemos! – disse a senhora Helena.

Ela continuou:

– Eu me lembro de você lá na Casa da Ravina, anotando todas as nossas conversas.

Kangyur, muito envergonhado, disse:

– Nunca imaginei encontrá-los novamente, mas gostaria de me retratar por ter escutado atrás da porta. Sei que isso não se faz, mas fiquei encantado com os assuntos. Eram as respostas que eu sempre busquei.

Mahatma El Morya emendou:

— Fique tranquilo, Kangyur. Nós já o conhecemos de várias encarnações. Você não fez nada de errado; estava ali para aprender, e nós sabíamos da sua presença. A propósito, tenho uma pergunta para lhe fazer.

— Diga, senhor.

— Aquela refeição na casa da montanha estava a seu gosto? O banho estava bom?

E o nosso aspirante a bodhisattva, muito constrangido, questionou:

— Desculpe-me pela indiscrição, mas como o senhor sabe disso se não havia ninguém por lá?

Todos riram muito e Kangyur ficava cada vez mais confuso.

Mestre Hilarion, nesse momento, falou:

— Nós sempre estivemos com você, jovem. Nos momentos alegres e nos difíceis, nós estávamos lá. Fomos nós que o presenteamos com aquele banho e com aquela refeição e, como você havia passado na prova de Mahakaruna, o próximo passo seria conhecer Serina. Perdoe-me, mas o que vem depois eu não posso dizer.

Mahatma Kuthumi continuou:

— O que podemos afirmar é que estaremos sempre ao seu lado e que você pode confiar em todos nós.

Kangyur não se conteve e permitiu que as lágrimas fluíssem em seu rosto. O garoto chorou porque se sentiu emocionado ao ver que tantas pessoas dispensavam um enorme carinho a ele, que apostavam em seu potencial e também em Serina.

Mahatma El Morya continuou:

— Sente-se conosco, rapaz. Hoje estamos comemorando também a instituição de uma Nova Era. É o início de uma época em que as pessoas experimentarão a liberdade espiritual, em que poderão optar por um caminho religioso ou pela religião da consciência tranquila e da orientação interior, da felicidade.

— Desculpe-me, senhor, mas sou apenas um garoto aspirante a monge. Não creio que posso ajudar em algo diante de almas tão ilustres.

— Você não é apenas um garoto. Você está. E sua alma é muito sábia. Não recuse nosso convite.

Kangyur ficou impressionado com aquelas palavras e disse:

— Vocês conhecem o senhor Enyshasta? Pois o Mahatma El Morya falou como ele agora.

Todos riram novamente e a senhora Helena respondeu:

— Sim, Kangyur. Enyshasta é nosso velho amigo, tanto quanto você. Mas fique calmo, rapaz. Você ainda é muito jovem e, por mais que sua alma seja sábia, há coisas que somente a maturidade pode explicar. Então viva cada momento de sua vida aqui na Terra com humildade e aproveitando cada segundo. É necessária a maturidade do corpo físico para compreendermos alguns processos, como a materialização, por exemplo.

— A senhora quer dizer que aquela situação da refeição e do banho na casa da montanha foi uma materialização?

— Sim, amigo. É possível, com o poder da mente,

organizar o éter[17] ao nosso bel-prazer e dar forma material àquilo que quisermos. Claro que, para isso, contamos com a ajuda dos elementais, ou seja, de Pã e seus amigos.

– Estou impressionado, senhora Helena!

– Bem, Kangyur, trata-se apenas de um poder psíquico treinado com um pouco de maturidade. Aqui, na Índia, existem muitos *yogues* que materializam flores, perfumes e tantos outros objetos – é uma prática quase corriqueira por aqui. Não se trata de um truque, mas da aplicação de leis naturais que regem o universo e que são desconhecidas da maioria das pessoas.

– Desculpe-me, senhora Helena, mas nunca pensei que isso fosse possível.

– Liberte sua mente, meu amigo! – disse Djwhal Khul.

Então Helena concentrou-se e materializou, ali na mesa onde estavam reunidos, uma mandala pintada e assinada pelo pai de Kangyur. O garoto assustou-se ao reconhecer a peça sobre a mesa. A senhora Helena tinha o poder de ler a mente das pessoas e materializar aquilo em que elas estavam pensando. E foi exatamente isso o que aconteceu. Kangyur tentou manter o controle, mas estava muito nervoso com tudo aquilo. Serina e Raghav olhavam-no profundamente, observando suas reações.

– Agora, pequeno bodhisattva, vamos continuar nossa conversa. Fique aqui conosco – emendou o Mahatma El Morya.

– Só quero fazer uma última pergunta, Mahatma El

---

17 - Éter – Também conhecido como o quinto elemento, éter é o vazio, a energia que permeia tudo o que existe. É o espírito que preenche tudo, onipotente e onipresente, substância primordial.

Morya. Na Casa da Ravina havia mais um homem, pequeno, esguio, de barbas e roupas muito diferentes. Onde ele está? Oh! Não me digam que ele morreu!

Todos riram muito naquele momento e Mahatma Kuthumi respondeu:

– Fique tranquilo, jovem Kangyur. O Conde de Saint-Germain está na Europa, resolvendo algumas questões que envolvem sociedades secretas, e não pode estar aqui conosco, o que é uma pena, pois ele é um ser muito virtuoso. Além disso, ele é conhecido como "o homem que nunca morre". Nós rimos porque sua pergunta foi hilária se tratando dele.

– Ah! Agora entendi – disse Kangyur, rindo também.

Kangyur sentou-se em um cantinho da enorme biblioteca e ficou observando tudo atentamente e lembrando-se de todas as dificuldades que enfrentou para estar ali. Cada uma dessas dificuldades valeria a pena somente para desfrutar daquele momento mágico. Eles adentraram a madrugada com aquela agradável conversa, pois naquele ambiente todos se entendiam, ninguém questionava a espiritualidade, pois todos já tinham um bom nível de conhecimento. Para aquelas almas, era uma grande alegria encontrarem-se na Terra.

Nota da Autora:

Os Mestres Ascensionados Saint-Germain, Hilarion, Mahatma El Morya, Mahatma Kuthumi e Djwhal Khul estavam encarnados no século XIX, construindo as bases da espiritualidade livre da qual desfrutamos hoje.

Juntamente com Helena Blavatsky, construíram a Sociedade Teosófica, cujo objetivo era estudar ciência, filosofia e espiritualidade de igual para igual, integrando-as. A Sociedade Teosófica baseia-se em três pilares:

1) Não há religião superior à verdade.

2) Encorajamos o estudo da religião comparada, filosofia e ciência.

3) Investigamos as leis não explicadas da natureza e os poderes latentes no homem.

Se hoje podemos desfrutar da liberdade de adentrar em diversas religiões e filosofias, tendo acesso aos seus conhecimentos, isso se deve a seres iluminados como esses e a Kangyur, que os acompanhou de perto e se inspirou em suas histórias de vida para crescer e evoluir.

Para aprender mais sobre esses iluminados seres, consulte o livro *Grandes Mestres da Humanidade – Lições de Amor para a Nova Era* (Luz da Serra Editora), que traz a biografia de cinquenta mestres que transformaram o mundo através do amor.

CAPÍTULO XI

✦ AS ARMADILHAS DOS SENTIDOS ✦

As semanas foram passando e Kangyur ainda estava sob o efeito do jantar com os Mahatmas. A reunião havia sido mágica e ele ainda estava sob encantamento, mas sempre se lembrando de Shamballa, que era seu foco principal.

Todas as manhãs Serina dedicava-se às aulas das crianças, um trabalho que enchia seu coração de amor e alegria, e Kangyur de vez em quando ia até lá para ajudá-la e contar aos pequenos as histórias de seu povo. As crianças amavam Serina e, como a moça não teria filhos, optou por trabalhar com elas como uma forma de desenvolver seu lado materno.

Certa vez, Serina estava radiante e foi até o jardim conversar com Kangyur, pois sabia que naquele horário ele gostava de meditar. Ela fez uma pequena travessura, chegando sem que ele visse e cobrindo seus olhos com as mãos. O menino estava tão concentrado em sua meditação que não percebeu.

Ela teve de sacudi-lo para que ele acordasse.

– Kangyur, acorde!

— Ah! Olá, Serina! Desculpe-me, mas, quando estou meditando, nada externo existe para mim.

— Bem, desculpe-me, mas gostaria de saber se você quer aprender um esporte e treinar comigo.

— Para quê?

— Ah, para fortalecer nossos músculos, para ficarmos mais fortes.

— Veja, Serina, não acho que o esporte seja importante, porque o corpo físico é impermanente. Então, por que desperdiçar horas e horas me movimentando, enquanto poderia aproveitar esse tempo para orar pelos seres sencientes?

— Ah, Kangyur, assim você me irrita! – disse Serina.

— Por quê?

— Porque às vezes você é genial, mas às vezes sinto que suas capacidades são meio limitadas!

— Como assim?

— Veja: mesmo o corpo físico sendo impermanente, ele é o receptáculo da nossa alma e dele devemos cuidar, senão não seriam necessários milhares de anos estudando a anatomia física e a medicina! Seria um desperdício de tempo! Se somos negligentes com o nosso corpo físico, isso também gera carma! Vamos citar como exemplo a seguinte situação: imagine que lhe emprestei essas roupas que você usa. Você não é a roupa, certo?

— Claro que não! Eu estou dentro da roupa.

— Mas nem por isso vai destruí-la, pois quer ser apresentável em qualquer lugar aonde você for, não é mesmo?

— Ah, sim.

— Então, Kangyur! O esporte é importante para mantermos a concentração, a respiração, a musculatura, o ritmo cardíaco, a resistência e até para sermos mais completos e felizes, afinal de contas o corpo físico também faz parte do processo evolutivo.

— É, pensando bem, não há mal em experimentar... Que esporte é esse?

— Esgrima. Meu professor chega em algumas horas.

— Esgrima? Nunca vou praticar isso! Por Buddha! Para que vou aprender a manejar uma espada se nunca utilizaria uma? Venho de um povo pacífico, Serina. Você sabe disso. Praticamos a não violência. Jamais praticaria um esporte bárbaro desse.

— Ah, Kangyur, como você é teimoso! Você acha que vou atingir alguém com uma espada? Nunca! Comecei a praticar esse esporte por insistência de meus pais. Como escolhi o sacerdócio, temendo que eu não tivesse um marido por perto para me proteger, meus pais insistiram que eu praticasse um esporte de defesa pessoal e acabei gostando da esgrima. Não tem nada de violência. É muito divertido.

— Ah, Serina! Você é muito teimosa! Que coisa! Quando põe uma coisa na cabeça, por Buddha! Ninguém consegue suportar...

— Tudo bem, amigo. Só peço que vá assistir ao meu treino hoje à tarde. Só assista, por favor!

— Está bem, Serina. Eu vou, mas só se você aceitar aprender o esporte praticado pela minha família.

— Qual?

— Ah, isso é surpresa. Se você aceitar sem saber o que é, eu assisto ao seu treino.

— Tudo bem, eu aceito. Mas o teimoso aqui é você!

— Você não disse que éramos iguais? Então somos dois teimosos tentando conversar.

Depois disso, os dois deram boas gargalhadas.

Kangyur vivia tempos felizes no palácio e aos poucos começou a praticar esgrima com Serina e Meryphás, encantando-se pelo esporte. Sua musculatura começou a se firmar e ele se sentia cada vez melhor, mais disposto e com mais saúde.

Ele precisava admitir que Serina tinha razão.

As atividades físicas complementam o processo de evolução espiritual. O garoto sentia-se mais bonito e confiante, melhorando sua autoestima. Os três jovens estavam cada vez mais amigos e unidos.

Certo dia, ele resolveu fazer uma surpresa para Serina e, para isso, pediu a ajuda de Meryphás. Alguns homens do palácio, principalmente os guardas, eram praticantes de polo e, como Kangyur gostava de cavalgar, conseguiu a estrutura necessária para praticar o seu esporte preferido: arco e flecha sobre o cavalo. Ele ensinou a Meryphás e a outros membros da guarda do palácio e, quando todos estivessem treinados, fariam uma apresentação para Serina.

Eles praticaram por dois meses, várias vezes por semana, escondido da moça, para que tudo fosse uma surpresa mesmo. Como a quadra de polo ficava a uma boa distância do palácio, era fácil esconder-se da sagaz Serina.

Meryphás e alguns dos guardas pegaram gosto pelo esporte e já estavam craques, acertando os alvos diversas vezes.

Como Kangyur era um exímio artesão, um dom que herdou dos seus pais, pintou vários alvos e espalhou-os pelo campo de polo para os treinamentos.

No dia em que estava tudo pronto, Meryphás e Kangyur vendaram os olhos de Serina e a levaram de carruagem até o campo de polo. Ela estava nervosa com aquilo tudo e eles riam muito.

Chegando lá, os cavaleiros já estavam a postos para a apresentação. Os meninos pediram que a ama que estava junto à Serina só retirasse a sua venda quando recebesse o sinal.

Serina estava muito desconfiada e tentava espiar, mas não conseguia.

Ao sinal de Kangyur, a ama removeu a venda e Serina ficou intrigada ao ver aqueles cavaleiros enfileirados com os arcos na mão.

Kangyur foi o primeiro a sair disparado e, quando chegou bem perto do alvo, disparou sua flecha, acertando-o em cheio.

Serina ficou impressionada com a habilidade do garoto e com seus guardas, que estavam fazendo tudo com perfeição.

De longe, Serina gritou:

— Também quero aprender! Pode ser agora?

E Kangyur, chegando mais perto, disse a ela:

— Estamos treinando há meses para lhe fazer essa

demonstração. Não é tão fácil quanto parece; precisa de muito treino.

— Por que não me chamaram para treinar com vocês?

— Porque queríamos fazer uma surpresa — emendou Meryphás.

Serina gostou da surpresa, mas queria ter participado de tudo desde o início, e isso a deixou meio chateada, mas logo ela esqueceu.

Ela disse aos garotos:

— E então, quando começamos a treinar? Pode ser agora?

— Não, senhorita! — respondeu Meryphás.

— Por quê? — perguntou Serina.

— Porque a senhorita não está com vestes apropriadas — emendou Kangyur.

— Então pode ser amanhã?

— Não sei se esse é um esporte que deve ser praticado por mulheres, senhorita Serina. As mulheres são mais frágeis, mais sensíveis, e esse esporte envolve força e velocidade — disse o chefe da guarda do palácio.

Kangyur ficou nervoso. O que era para ser uma demonstração transformou-se em um problema que ativou a teimosia de Serina. Ele estava preocupado, pois ela era um tanto competitiva quando se tratava de esportes e ele temia que ela fosse com muita sede às práticas. Ele respondeu:

— Tudo bem, Serina. Amanhã cedo, logo após a meditação, nós nos encontraremos aqui. Venha com roupas adequadas e vamos começar devagar, tudo bem?

— Tudo bem! Até amanhã, então!

No dia seguinte, quando Kangyur chegou ao campo de polo, Serina já estava montada em um lindo cavalo negro, que ganhara de presente do seu avô.

– Serina, ontem a avisei de que começaríamos devagar, não é mesmo? Então desça desse cavalo, por favor!

– Mas o esporte não é arco e flecha sobre o cavalo?

– Sim, mas, enquanto você não tiver o domínio do arco e da flecha, nem pense em subir no cavalo. Treinamos os dois separadamente e depois juntamos.

– Desculpe-me, Kangyur, mas, quando se trata de desafios, fico um pouco ansiosa...

– Um pouco? Por Buddha! Você fica muito ansiosa! Por favor, vamos com calma! Primeiramente vamos pegar os arcos, as flechas e tentar acertar os alvos de forma estática. Quando você estiver acertando o alvo diversas vezes, vamos aos cavalos, está bem?

Eles ficaram treinando por semanas, e Serina estava ficando perita em arco e flecha.

Com a prática dos esportes e outros afazeres, cada vez mais aquela paixão que Kangyur sentia por Serina ia desaparecendo e dando lugar a um amor fraternal.

O tempo foi passando e, um dia, Serina achou que estava pronta para treinar com o cavalo. Ela não sabia que, a partir de então, deveria treinar velocidade somente cavalgando por um bom tempo, para depois juntar com o arco e flecha. Numa bela manhã, para fazer uma surpresa a Kangyur, chegou bem mais cedo ao campo de polo e decidiu treinar sozinha.

Ela estava cheia de disposição e queria mostrar a Kangyur que era uma exímia aluna.

Serina subiu no cavalo, posicionou-se e se concentrou em direção ao alvo. Quando ela ordenou, o cavalo disparou em uma enorme velocidade, e Kangyur, que estava chegando ao campo de polo, avistou a cena de longe.

Ele ficou desesperado e gritava:

– Pare! Pare, Serina! Você está louca! Você ainda não está pronta! Desça daí!

Quando o cavalo atingiu uma velocidade alta se aproximando do alvo, Serina tentou puxar a flecha em suas costas e se desequilibrou.

O cavalo, muito assustado, arrastou Serina caída e presa pelo pé por vários metros, até que ela, batendo a cabeça, foi ao chão inconsciente.

Kangyur assistia tudo de longe sem nada poder fazer. Ele estava atordoado, zonzo. Ele só conseguia gritar, chorar desesperadamente ao ver Serina caída no chão. Sentia uma culpa que dilacerava seu coração. Sentia-se triste por ter-se deixado levar pela teimosia de sua irmã de alma. Ele poderia ter sido firme e ter evitado tudo isso.

Depois de alguns minutos, os guardas a recolheram com cuidado, levando-a para o palácio. Serina ainda estava viva, mas parecia muito mal. Sua família entrou em desespero e seu pai mandou chamar os melhores médicos da Índia, além de um sacerdote Brâhmane e do guru Raghav.

Kangyur permaneceu ao lado dela o tempo inteiro. Ele não conseguia explicar o que sentia. Era como se um pedaço dele estivesse faltando, um sentimento que não tinha explicação.

Quando o médico indiano chegou, depois de examinar Serina com cuidado, verificou que ela estava com uma das pernas quebrada e que precisaria fazer um corte em sua cabeça.

A família estava em desespero, pois o primeiro ato para o procedimento era raspar a cabeça de Serina e, para uma sacerdotisa, o cabelo representava força, beleza, sabedoria e espiritualidade. Seus pais não conseguiam decidir. Salvar a vida da filha ou preservar sua beleza e deixar que o universo agisse?

Kangyur interferiu, dizendo ao pai de Serina e ao guru Raghav:

– Senhores, na minha tradição, raspamos sempre a cabeça para que o passado não fique armazenado em nossos cabelos, que têm a capacidade de absorver sentimentos e emoções. Quando raspamos a cabeça, tudo se renova. Quem sabe é um momento de renovação para Serina...

O pai de Serina respondeu:

– Lembre-se, mocinho, de que foi a sua maldita tradição que pôs a minha filha nessa situação. Se não fosse você tentar ensinar a ela esse esporte estúpido, ela não estaria entre a vida e a morte.

Guru Raghav falou:

– Vamos nos acalmar para decidirmos com sabedoria. Agora de nada adianta procurarmos culpados!

Kangyur abaixou a cabeça e lembrou-se da 13ª prática de um bodhisattva:

Se alguém cortar sua cabeça fora, mesmo que você não tenha feito uma mínima coisa errada, pelo poder da compaixão, tomar as más ações dos outros para si mesmo é a prática de um Bodhisattva.

Então ele falou:

– Desculpe, senhor. Foi mesmo uma estupidez ter ensinado esse esporte a Serina. Concordo com o senhor. Acho que devo ir embora do palácio.

– Nem pense nisso. Agora que você cometeu o erro, pelo menos seja digno de assumi-lo e fique aí ao lado da minha filha até que a situação dela se defina. Se você realmente for o complemento divino dela, pode ser que consiga comunicar-se com ela, sentir algo, enfim, fique aí, e isto é uma ordem!

Kangyur ouviu tudo quieto, sem esboçar nenhuma reação.

– Acalme-se, meu amigo. Vamos conversar melhor em outro ambiente – disse o Guru Raghav ao atordoado pai de Serina. Logo depois, os dois foram até a biblioteca para tomar as devidas decisões sobre o caso de Serina.

Kangyur estava muito abatido, mas mantinha-se firme ao lado da moça, orando, cantando mantras, contando histórias a ela, tentando ouvir seus pensamentos. Enfim, ele tentava de tudo para que ela acordasse. Ele estava tão aturdido que não conseguia estabelecer uma conexão com a alma de sua amada irmã...

Serina aproximava-se daquilo que, para Kangyur, tinha

o significado de um grande amor. Então, vê-la naquele estado partia-lhe o coração.

De repente, entrou no quarto uma das amas, que, chorando muito, começou a cortar as longas madeixas de Serina. Enquanto ela cortava, todas as mulheres que estavam no quarto choravam copiosamente.

Sua mãe dizia:

– Minha filha! Não! A mais bela de todas! Agora parece um menino! Não! Não!

Com uma navalha, a ama terminou de raspar a cabeça de Serina, que estava com uma expressão tranquila, como se dormisse.

Rapidamente o médico iniciou uma incisão, para fazer uma sangria, evitando um derrame interno e a formação de coágulos na cabeça. Na hora da queda do cavalo, ela havia perdido um pouco de sangue através do ouvido, mas o médico queria certificar-se de que estava fazendo seu melhor e utilizou todos os recursos que tinha.

Ele falou à família:

– Não temos o que fazer, senhores. Agora é aguardar e orar para que um dia nossa bela Serina acorde. Pode ser amanhã, pode levar meses ou anos; não sabemos.

Kangyur estava atônito. Como viveria sem Serina?

Nesse momento, lembrou-se da prática do bodhisattva que dizia o seguinte:

Abandonando lugares negativos, emoções perturbadoras diminuem gradualmente. Sem distrações, as atividades virtuosas aumentam naturalmente. Quando a mente se torna clara, a certeza no Dharma é nascida. Permanecer em solidão é a prática de um bodhisattva.

Kangyur se deu conta de que estivera distraído durante esse tempo no palácio, que estava desviado de seu objetivo de chegar a Shamballa e de tornar-se um bodhisattva.

Contudo, agora ele tinha a maior motivação de todas: salvar sua amada Serina, pois ele sabia que ainda não era a hora de ela partir e que somente um milagre poderia acordá-la. Se ele estivesse em Shamballa, poderia auxiliar em seu processo de cura, pois lá certamente havia muito mais recursos.

Kangyur tentava conectar-se a Pã, ao lama Drongpa, a Enyshasta, aos Mahatmas, mas não conseguia. Algo o impedia. Talvez o seu abalo com toda essa situação tivesse diminuído sua conexão energética. Ele sentia que precisava centrar-se, harmonizar-se, encontrar respostas.

Ele ficou pensando em como conseguira enredar-se assim. Se ele fez um voto de solidão e peregrinação, como pôde distrair-se com a vida do palácio? Como pôde deixar-se levar por apegos, confortos e ilusões? Como pôde?

Ele estava muito decidido e foi conversar com o pai de Serina. Sabia que o homem não queria vê-lo, mas encheu-se de coragem e foi até lá.

— Com licença, senhor. Posso me pronunciar?
— Desculpe-me, rapaz, mas desapareça da minha frente! Ao menos por alguns dias.

— Eu o entendo, senhor, mas conseguiria me ouvir, ao menos por pouco tempo?

— Já me disseram que você não teve culpa, que Serina foi teimosa e sua teimosia a levou aonde está, mas, desde que você veio para cá, ela está feliz demais. E a pessoa feliz demais fica suscetível a fazer bobagens, como isso que aconteceu.

— Entendo, senhor, e por isso gostaria de me retirar do palácio, mas antes quero o seu consentimento.

— Por que quer se retirar do palácio? Por que não consegue lidar com a dor de ver Serina naquele estado? Ora, não seja covarde!

— Não é isso, senhor, pois, aonde quer que eu vá, estarei com minha irmã Serina no pensamento e em meu coração, mas acredito que posso encontrar recursos melhores para curá-la.

— Como assim recursos melhores? Não seja arrogante, rapaz! Acha que no vilarejo onde morava existem recursos melhores do que aqui em meu país?

— Não, senhor. Não é do meu vilarejo que falo.

— Então explique. Do que você está falando?

— De Shamballa, senhor. Conheci pessoas que moram lá.

— Ah, não me venha com essas lendas tolas. Nem sei por que estou aqui ouvindo você. Essa é uma desculpa que você inventou para fugir da situação. Eu deveria mandar matá-lo! Só não faço isso porque sou um Brâhmane, mas saiba que vontade não me falta!

— Se o Senhor acha que mandar me matar diminuirá sua dor, pode ir em frente, pois não quero ver ninguém sofrendo, senhor.

— Não se preocupe. É melhor que você continue vivo para arrepender-se do que fez.

— Acredite em mim, senhor! O que estou dizendo é real! Permita que eu vá.

O pai de Serina pensou por alguns instantes e disse:

— Está bem, está bem. Vá! E leve com você aquele maldito cavalo que derrubou a minha filha.

— Desculpe, senhor, mas não posso aceitar.

— Leve o cavalo! Assim você irá mais rápido, seu tolo! Você demora a entender as coisas!

— Tudo bem, senhor.

Kangyur teve muita paciência e compaixão com o pai de Serina e concordou com tudo o que ele disse. Mahakaruna estava ativada em seu coração e era obrigação dele, como bodhisattva, compreender a dor de um pai que vê a sua filha de um momento para outro ficar em estado vegetativo. Principalmente se tratando de Serina, uma moça linda, culta, alegre e que representava esperança para o povo daquele lugar. Era muito difícil a situação da família, principalmente a do pai, com quem Serina tinha tanta afinidade.

No outro dia, ao amanhecer, Kangyur saiu do palácio a galope, ainda mais motivado a encontrar Shamballa, porque agora havia uma forte razão para isso: a recuperação da sua irmã de alma dependia dele.

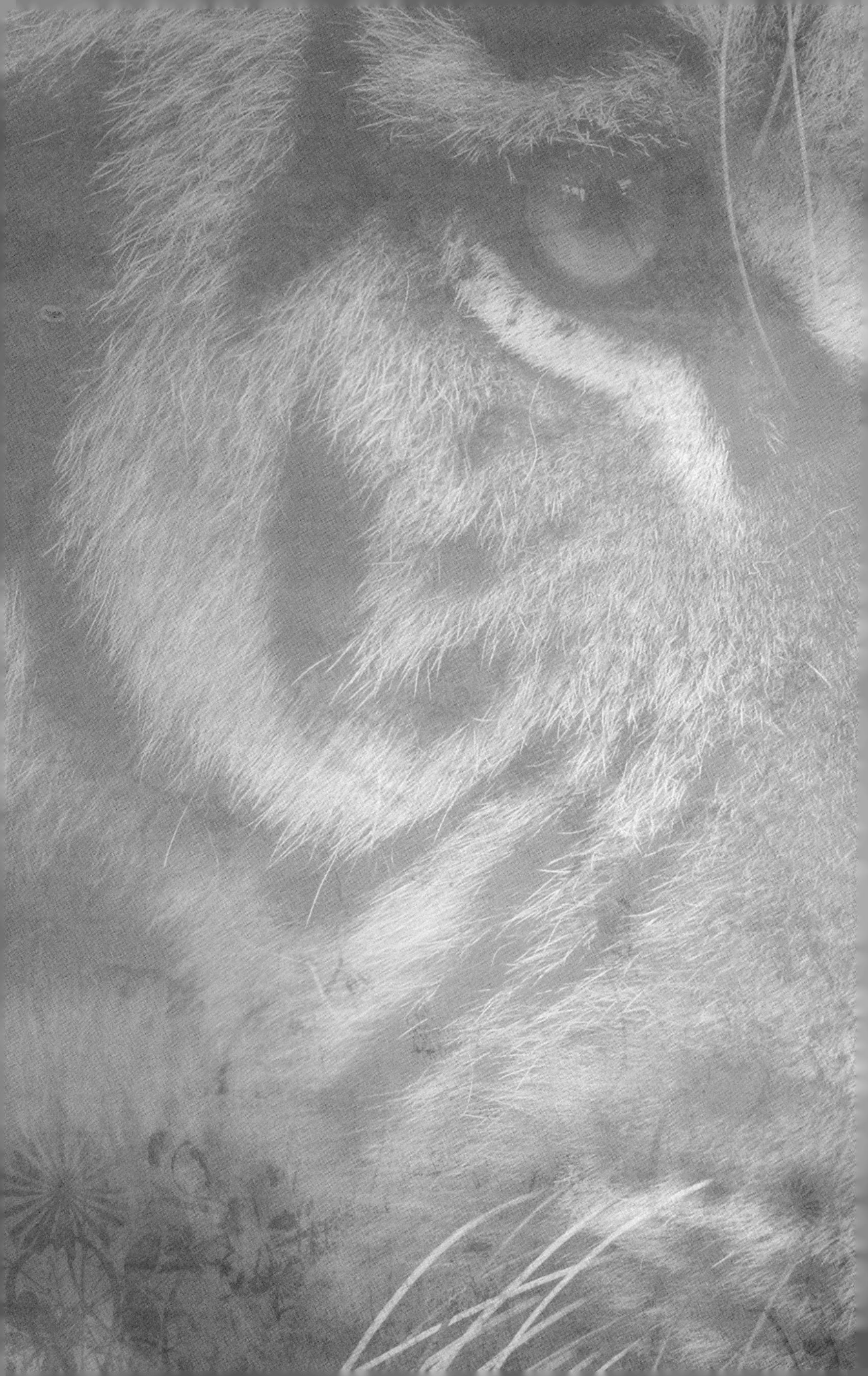

CAPÍTULO XII

✤ OS YOGUES ✤

Kangyur já estava cavalgando há dias, tentando chegar até as montanhas do Himalaia. Em sua temporada na Índia, tinha ouvido falar de cavernas sagradas, onde yogues meditavam há séculos para obter a iluminação, e achou que, se tivesse algum contato com eles, poderia descobrir pistas para encontrar Shamballa.

Ele estava triste e um pouco arrependido de ter falhado em sua missão de bodhisattva, envolvendo-se nas questões do palácio. Lá ele se sentia em casa, rodeado de amigos e de conforto, e quase esqueceu por que havia saído de casa: para encontrar seu caminho de iluminação.

Ele estava triste, pois precisou acontecer o acidente de Serina para que ele se realinhasse com a missão de sua alma.

No entanto, ao mesmo tempo em que estava triste, nutria um certo sentimento de felicidade por ter retomado seu rumo e por buscar ajuda para sua amada irmã de alma.

O festival do **Wesak**[18] estava chegando e, nas semanas

---

18 - Wesak é a celebração máxima do Budismo, que ocorre todos os anos na

seguintes, a lua cheia do signo de Touro ancoraria na Terra a energia de Buddha, que ficava mais próximo de toda a humanidade nessa época. Em sua tradição, Kangyur aprendeu que, no dia em que a lua cheia de maio atingisse seu ápice, os portais da cidade sagrada ficavam mais visíveis e quem estivesse em sintonia e com o coração puro poderia entrar.

Kangyur já estava há muito tempo procurando as cavernas nos Himalaias e nada de encontrá-las. Um dia, quando já estava exausto, avistou um iaque caminhando serenamente e resolveu segui-lo. Segundo Pã havia lhe dito, muitas vezes os animais nos conduzem quando estamos perdidos, bastando segui-los para encontrarmos o caminho. E ele o seguiu, mantendo certa distância para que o animal não se assustasse.

De repente, o iaque parou em uma fenda que dava acesso a uma caverna, olhou para Kangyur profundamente e desapareceu, esvanecendo-se como uma neblina. Nosso nobre bodhisattva ficou impressionado com tudo aquilo.

Kangyur desceu do cavalo e foi entrando pela fenda da caverna bem devagar, pois já havia escutado histórias horripilantes sobre grandes tigres famintos que habitavam o local e que devoravam humanos sem a menor piedade. Em seu bolso, carregava o isqueiro que ganhou de presente do seu pai.

Lua Cheia do Signo de Touro. A princípio, a realização do Festival ocorria nos Himalaias, mas, nas últimas décadas, tem ocorrido em diversas partes do mundo. Nesse período, a energia de Buddha aproxima-se da Terra, trazendo muitas bênçãos e bem-aventurança aos seres que se sintonizam com essa energia através da oração. Equivale ao Natal para os ocidentais.

Ele caminhou alguns metros e avistou um homem sentado, meditando. Era um típico *sadhu* (renunciante). Sua barba era branca e longa, usava um turbante na cabeça e apenas uma grande fralda de pano o vestia. Ele parecia estar ali há muito tempo.

Iluminando com o isqueiro, ele observou que havia mais dois senhores muito parecidos com o outro e que estavam ali, cultuando o não agir.

Eles não se moveram e Kangyur, para não interromper, juntou-se a eles lentamente e começou a meditar também.

De repente, sentiu o sorriso de um deles como se fosse uma percepção extrassensorial. Ele não viu o sorriso, mas o sentiu e, de repente, ouviu uma voz interna que dizia.

– Olá, velho amigo. Só faltava você!

Kangyur tentava responder mentalmente:

– Olá, amigos. Eu estava procurando por Shamballa e um iaque me conduziu até aqui.

– Ah, o iaque também é um velho amigo.

– Como assim? – disse Kangyur.

– Sabe esse casaco que você está usando?

– Sim.

– Você se lembra de como ele foi feito?

– Sim, lembro-me perfeitamente.

– Então me fale sobre isso – disse o yogue.

– Era um dia frio e um iaque que passava próximo à nossa casa morreu. Na nossa tradição, quando um animal morre, nós choramos por ter de aproveitar seu couro e sua carne, ficamos muito tristes, mas somos obrigados a usar, pois não temos muitas fontes de proteína em nossa região e utilizamos o couro para enfrentar o inverno rigoroso. Jamais matamos um animal, pois respeitamos seu carma e sua evolução, mas, quando sua alma se despede do corpo, entendemos que sua vida pode ser continuada em um casaco – por exemplo, nesse casaco que estou usando agora.

– Pois então, amigo Kangyur, foi esse casaco que estabeleceu a conexão com o espírito do iaque que o ajudou. Ele é uma espécie de guardião invisível, que o acompanha e o orienta.

– Por Buddha! Vejo que sou incrivelmente amparado.

– Você ainda é muito jovem, meu rapaz. Mas, para sua idade, até que se encontra bem adiantado, pois seu coração é muito puro. E em nossas vidas passadas já trabalhamos muito juntos!

– Você me conhece?

– Claro que sim, e você também me conhece, mas não lembra. Já encarnamos juntos em muitas vidas e, assim como Serina, também somos do mesmo grupo espiritual, do mesmo grupo monádico.

– Estou muito feliz de reencontrá-los!

Todos riram e disseram:

– Também estamos muito felizes, companheiro.

Kangyur disse mentalmente:

– Por que estão aqui?

Um deles respondeu:

– Buscando nossa iluminação. Acreditamos que, se a ação gera carma, o não agir não produz carma, e assim podemos nos libertar da roda de renascimentos. Nosso objetivo é nos tornarmos um com Shiva e, dessa maneira, atingir o **nirbikalpa samadhi**[19], dissolvendo-nos no éter.

— Eu também gostaria de me iluminar.

— Sim, você já esteve quase lá, mas as preocupações com Serina ainda corroem o seu ser e, para ajudá-la, você precisa liberá-la, liberar sua mente, suas emoções e contemplar o nada, o vazio, pois somente assim encontrará o caminho que tanto deseja.

— Posso ficar aqui com vocês?

— Claro velho, amigo! Esteja conosco completando as quatro direções, como fazíamos em tempos bem longínquos, quando éramos os sacerdotes dos elementos e juntos construíamos o quinto elemento.

— Sacerdotes dos elementos?

— Agora fique tranquilo e medite e logo, logo você vai entender.

Kangyur então começou a receber imagens em sua mente, de uma época muito distante, em que quatro guardiões protegiam um templo sagrado. Um deles representava a água, o outro representava o ar, outro a terra e ele, Kangyur, representava o fogo e possuía completo domínio sobre este elemento. Juntos eles conseguiam domínio sobre o éter ou o espírito, também denominado quinto elemento. Cada vez que eles meditavam juntos, alinhando-se às quatro direções,

---

19 - Nirbikalpa samadhi – Perfeito e imutável estado de consciência, realização plena da identidade espiritual. Nesse estágio, o yogue movimenta-se livremente pelo mundo sem perder a percepção de Deus. Em nirbikalpa samadhi, o yogue dissolve os últimos vestígios de seu carma material ou terreno.

abria-se um portal no centro, onde podiam receber a visita de seres de luz de outras dimensões e receber orientações que ditavam os novos passos evolutivos da humanidade.

No momento em que Kangyur compreendeu o significado de tudo isso, o portal começou a abrir-se e desse portal surgiram doze seres de luz, que se pronunciaram da seguinte maneira:

"Olá, amigos da Terra. Este planeta passará por grandes ajustes nos próximos cento e cinquenta anos. Haverá uma revolução industrial que poderá destruir a natureza e o que existe de mais sagrado na Terra. Muitos devas abandonarão a Terra por não terem onde viver. Haverá duas grandes guerras, nas quais a ignorância humana tomará uma proporção quase incontrolável. Haverá também uma revolução tecnológica e muitos seres humanos viverão em uma era de fascínio, quando pensarão que Deus vive na máquina. O consumo tomará proporções tão grandes que uma minoria de seres humanos viverá em luxo e desperdício, enquanto outros implorarão por um prato de comida. A moral estará frouxa. Promiscuidade, vícios e uma onda de ilusão invadirão a Terra através de um mecanismo que será chamado de mídia. Essa mídia é que vai ditar como as pessoas se comportarão e agirão e até que roupas deverão usar. O ser humano se perderá no culto ao corpo físico e esquecerá que possui um espírito e chegará ao fundo do poço, para depois ressurgir em sua espiritualidade, tornando-se um ser de luz. Esperamos que vocês estejam conosco, auxiliando-nos na proteção do espaço sagrado da Terra, inspirando e orientando os virtuosos, que, como vocês, possuem o poder necessário para transformar o mundo. Cada ser humano que possui um corpo físico capaz de interagir e se comunicar, da forma que for, tem condições de transformar o mundo para melhor, e é nosso dever inspirá-los para que tenham a autoestima suficiente para fazerem as mudanças necessárias. Agradecemos por todo o esforço, dedicação e amor ao seu dharma e gostaríamos de dizer que são bem-vindos em Shamballa, para continuarmos juntos nosso trabalho de difundir a luz, o amor, o **ahimsa**[20] e a evolução espiritual constante."

Naquele momento, os três yogues desapareceram através do portal juntamente com os seres de luz, e Kangyur ficou ali sozinho, pois ainda não estava pronto para ir até Shamballa. Naquele momento, ele compreendeu que os portais abriam-se através da pureza da alma e que somente quando sua alma estivesse purificada é que ele teria condições de transportar-se até lá. Mas ele já estava feliz por saber que era possível. Agora ele sabia com todas as provas que alguém pode ter e ele ficaria ali até ser convidado e ter mérito suficiente para embarcar nessa jornada.

E Kangyur ficou por ali, meditando e esperando que algo acontecesse.

---

20 - Ahimsa – Adotar a prática da não violência como filosofia de vida.

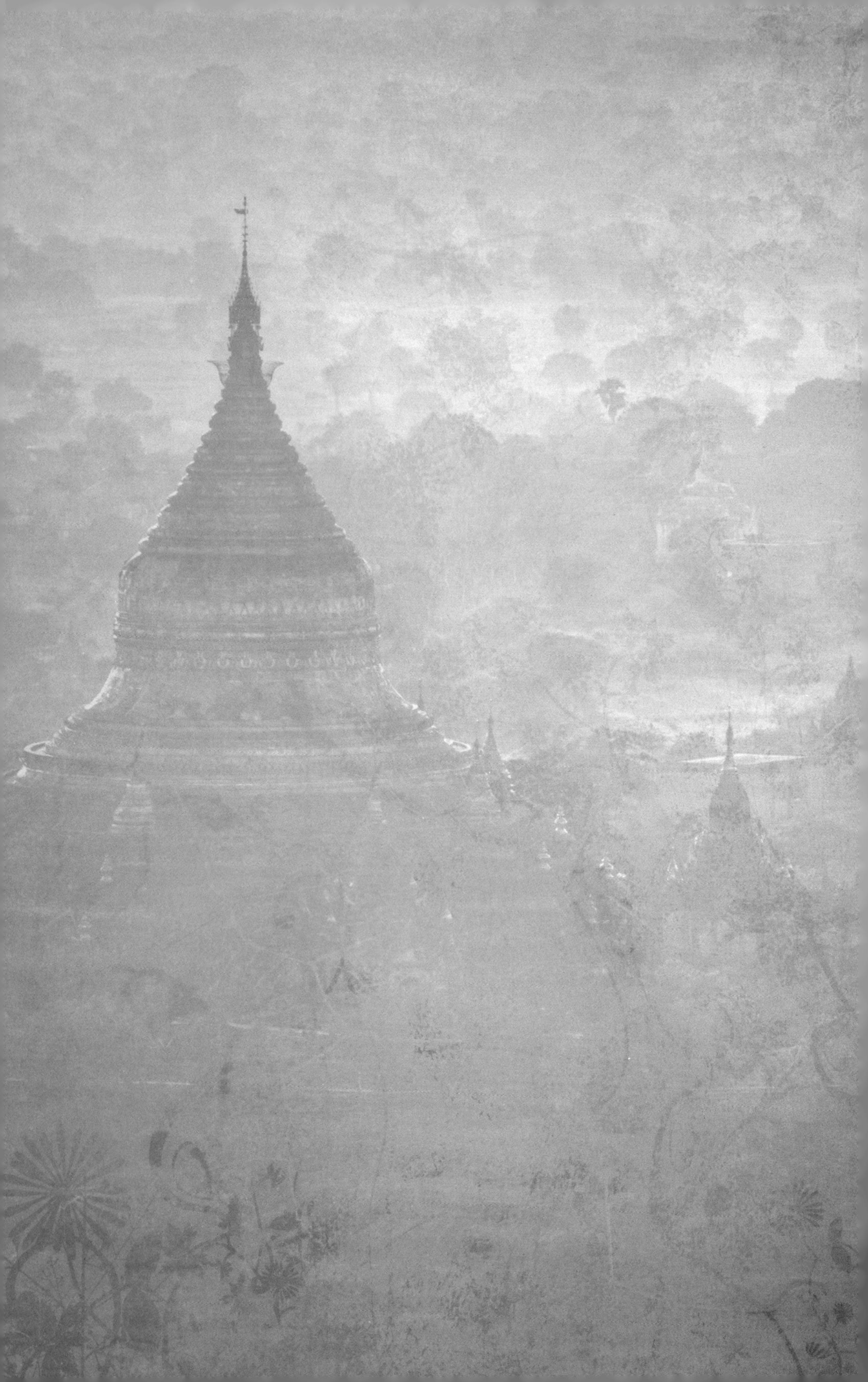

CAPÍTULO XIII

✣ OS GUARDIÕES DA CIDADE SAGRADA ✣

KANGYUR JÁ ESTAVA ALI HÁ SEMANAS, apenas bebendo alguns goles da água que caía dentro da caverna. O barulho dos pingos gotejando era seu único companheiro. Ele procurava não pensar em nada, mas, nos raros momentos em que se levantava, sua mente ia até Serina e, pelo que ele sentia, ela ainda estava lá, desacordada, esperando pela ajuda dele.

Pensava também que poderia ter entrado no portal com seus amigos se não tivesse caído na tentação de ir até o palácio. Todavia, ele também tentava perdoar-se, pois tudo o que aconteceu lá foi extremamente importante para sua maturidade espiritual e, quando chegasse a hora certa, ele finalmente conheceria Shamballa, um objetivo que ele buscava há muitas existências.

O Wesak se aproximava e Kangyer aguardava a oportunidade de conectar-se mais facilmente a Buddha nesse período. Um daqueles seres de luz que estava no portal sugeriu a Kangyur que fizesse uma oração no ápice da Lua

Cheia de Touro o maior número de vezes que conseguisse, para conectar seus chacras aos chacras da Fonte Primordial. A oração era a seguinte:

Do ponto de luz na mente de Deus
Flua luz às mentes dos homens
Que a luz permaneça na Terra
Do ponto de amor no coração de Deus
Flua amor aos corações dos homens
Que o Cristo volte à Terra
Do centro onde a vontade de Deus é conhecida
Que o propósito guie as pequenas vontades dos homens
O propósito que os mestres conhecem e seguem
Do centro a que chamamos raça dos homens
Que se manifeste o plano de amor e luz
E confirme a vontade para o bem
Que a luz, o amor e o poder mantenham o plano divino sobre a Terra
Que assim seja e sempre será porque assim é.

Quando chegou finalmente o dia da Lua Cheia de Touro, tudo começou a ficar mais especial – até o ar estava diferente.

Kangyur estava muito cansado; já não conseguia andar direito, em função da falta de água e alimentos. Estava vivendo apenas da luz solar ou prana, como faziam os seus amigos yogues.

Pela fenda na caverna Kangyur observava a Lua Cheia em seu ápice e ficou encantado, pois a presença da energia de Buddha era quase material, dava para sentir na pele, na respiração e no coração. Parecia que cada pulsar do seu corpo recebia a luz búdica.

Kangyur não resistiu e saiu da caverna para admirar a Lua. Talvez assim ele pudesse estabelecer uma conexão com os seres de luz.

Ficou ali admirando a lua por mais de duas horas e de repente, quando abaixou o olhar, visualizou Shamballa à sua frente. Naquele momento Kangyur enxergou Buddha no centro e muitos seres de luz o reverenciavam e Ele derramava Suas bênçãos sobre todos.

De repente, Kangyur ouviu um rugido que mais parecia um trovão, logo atrás dele. Ao virar-se de costa, o nosso nobre peregrino defrontava-se com o instante mais angustiante e difícil de sua vida. Depois de uma longa e árdua jornada em busca de sua iluminação, ali estava ele envolvido por três enormes tigres que o rondavam, andando em círculos.

Depois de todo o esforço, de toda a fome, a sede e de tantos aprendizados, tudo acabaria dessa forma? Ele sentia uma mistura de aflição, tristeza e decepção naqueles segundos em que os enormes animais o avaliavam, fitando-o profundamente com olhos famintos.

Ele não estava com medo, mas lamentava profundamente o fato de não ter conseguido chegar ao destino com que tanto sonhara e, em poucos segundos, um filme passou pela sua cabeça e ele começou a recordar-se do momento em que tudo começou...

Ele estivera quase lá...

Nesse momento, Kangyur lembrou-se da Casa da Ravina, de quando saiu de casa, de Pã, do senhor Chang Po, de Enyshasta, de Serina, de Meryphás e viu que precisava dominar seu medo.

Virou-se e reverenciou os tigres, dizendo-lhes mentalmente que era irmão deles e que sentiria o maior prazer em servir de alimento a eles – afinal de contas, eles eram felinos com instinto carnívoro e precisavam se alimentar. Kangyur disse aos animais que compreendia a situação e se oferecia a eles.

Os animais começaram a rondá-lo, como se o estivessem medindo, analisando-o minuciosamente.

Um dos tigres aproximou-se e Kangyur, sem o menor medo, sentou-se em posição de lótus, aguardando o momento derradeiro. Ficou ali imóvel, com o coração sentindo alegria em poder servir de alimento ao enorme felino.

O tigre chegou bem perto, olhando nos olhos de Kangyur. O garoto conseguia sentir a respiração do grande animal, quando este se sentou ao lado de Kangyur para também admirar a Lua de Buddha. Os outros tigres fizeram o mesmo, e ali os quatro ficaram até o amanhecer.

Quando surgiram os primeiros raios de sol, os tigres esvaneceram-se e apareceram os portais de Shamballa à frente de Kangyur. Dos portais veio flutuando **Kuan Yin**[21], que o convidou a entrar.

---

21 - Kuan Yin – Deusa oriental, conhecida como bodhisattva, associada à misericórdia e à compaixão.

Kangyur sentia uma emoção interna muito grande, mas não conseguia demonstrá-la, pois estava tranquilo, sentindo muita paz.

Para recebê-lo estavam lá sua mãe, lama Dongpa, os Mahatmas, Enyshasta, Pã, o homem que um dia foi o esqueleto da cadeira, o iaque, a serpente, os yogues e os tigres, que mais pareciam gatos de estimação.

Agora Kangyur sabia o que realmente era a felicidade!

Chegando lá, ele viu a alma de Serina por um breve instante, e ela voltou ao seu corpo no momento em que ele lá chegou. Depois disso, ela se recuperou e continuou ministrando suas aulas no palácio às crianças da comunidade, aguardando o dia em que se encontraria novamente com Kangyur.

Nesse momento, Kangyur havia cumprido sua missão de alma, pois, chegando ao seu estágio de iluminação, muitos seres foram liberados da roda de renascimentos, como sua mãe, por exemplo, que já o esperava por lá. A mãe de Kangyur havia falecido há alguns meses e, quando o garoto se iluminou, a alma dela também se purificou.

Nosso amigo bodhisattva continua até os dias hoje morando em Shamballa e mantém aquela agradável aparência de um rapaz de dezenove anos. De vez em quando, ele consegue uma licença para visitar amigos como nós.

❖

UMA CURIOSIDADE:
ESTE LIVRO FOI FINALIZADO
NO DIA 20 DE JULHO,
DIA DO AMIGO.

BIBLIOGRAFIA

BESANT, Annie; LEADBEATER, Charles Webster. *Formas de pensamento*. **São Paulo**: Editora Pensamento, 2005.

BLAVATSKY, Helena Petrovna. *Glossário Teosófico*. São Paulo-SP: Editora Ground, 2004.

BORGES, Wagner. *Viagem espiritual II*. 1. ed. Londrina-PR: Livraria e Editora Universalista Ltda., 1998.

CALDWELL, Daniel. *O mundo esotérico de Madame Blavatsky*. São Paulo: Madras Editora, 2003.

CÂNDIDO, Patrícia. *Grandes Mestres da Humanidade – Lições de Amor para a Nova Era*. Nova Petrópolis-RS: Luz da Serra Editora, 2008.

DOWLING, Levi H. *O evangelho aquariano*. Limeira-SP: Editora do Conhecimento, 2003.

GIMENES, Bruno José; CÂNDIDO, Patrícia. *Evolução espiritual na prática*. Nova Petrópolis-RS: Luz da Serra Editora, 2009.

HILL, Napoleon. *A lei do triunfo*. Rio de Janeiro-RJ: José Olympio Editora, 2009.

RINPOCHE, Chagdud Tulku. *Portões da prática budista*. Três Coroas-RS: Rigdzin Editora, 2000.

SELL, Sérgio. *História da filosofia I*. Palhoça-SC: Unisul Virtual, 2008.

SING, Chiang. *Mistérios e magias do Tibete*. Limeira-SP: Editora do Conhecimento, 2005.

Mistérios ocultos – Et's, antigas escolas de mistério e ascensão. São Paulo-SP: Editora Pensamento, 2007.

STONE, Joshua David. *Manual completo de ascensão*. São Paulo-SP: Editora Pensamento, 2004.

YOGANANDA, Paramahansa. *Autobiografia de um Yogue*. Rio de Janeiro-RJ: Editora Sextante, 2006.

Outras Publicações

Luz da Serra
EDITORA

FALANDO DE VIDA APÓS A MORTE
WAGNER BORGES

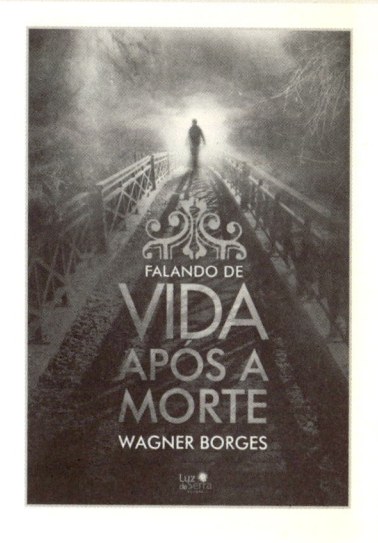

Wagner Borges, o qual tem grande vivência e experiência na trilha da espiritualidade, oferece neste livro, esclarecimento espiritual a respeito das questões que envolvem a perda de alguém e da administração sadia dessa experiência. Nada de pêsames e dramas na abordagem dos temas. Em lugar disso, boas doses de discernimento e consciência, voltados para o raciocínio coerente.

O autor organizou este livro de uma forma que poderá ajudar a clarear as veredas escuras da dor da perda, além de proporcionar excelente aprendizado no contexto do esclarecimento espiritual.

ISBN: 978-85-7727-153-5
Edição: 2ª
Páginas: 336
Formato: 16x23cm

ECOLOGIA DA ALMA
A jornada do espírito e a experiência humana
PATRÍCIA CÂNDIDO

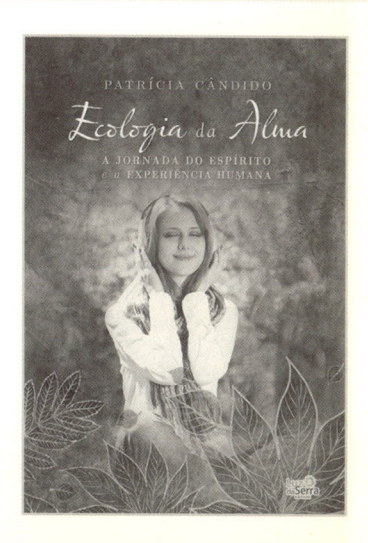

Este livro nos mostra que se não compreendermos o que a autora chama de ecologia da alma, possivelmente estaremos navegando em águas revoltas com nossas emoções, pensamentos, sentimentos, relacionamentos e realizações e, por consequência, poderemos sofrer, sentir dor e revolta.

A proposta é objetiva: preparar nosso espírito para a experiência humana e nos qualificarmos para sermos felizes em todos os níveis de nossa existência!

ISBN: 978-85-64463-00-4
Edição: 1ª
Páginas: 154
Formato: 16x23cm

DECISÕES
Encontrando a missão da sua alma
BRUNO J. GIMENES

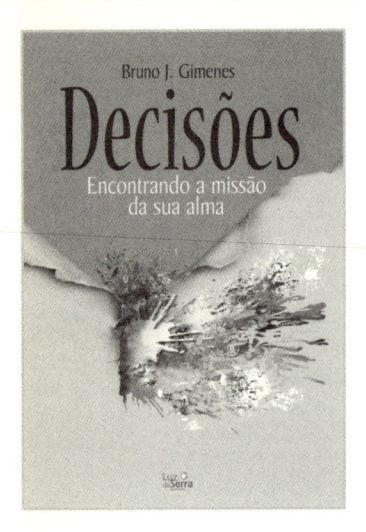

É um livro esclarecedor que mostra formas simples e eficientes para ajudar você a tomar decisões sábias, encontrar e realizar a missão de sua alma, produzindo em sua vida efeitos intensamente positivos.

ISBN: 978-85-64463-08-0
Edição: 4ª
Páginas: 168
Formato: 16x23cm

ATIVAÇÕES ESPIRITUAIS
Obsessão e evolução pelos implantes extrafísicos
BRUNO J. GIMENES

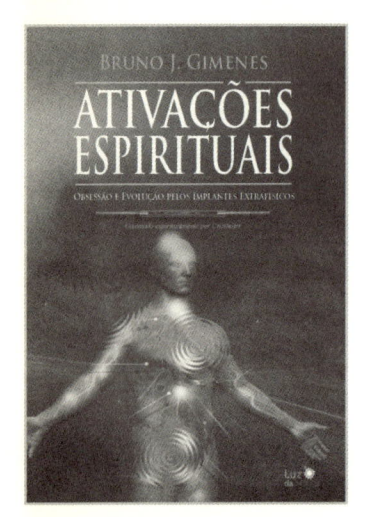

A importância dos elementais (espíritos da natureza), o lado espiritual das grandes festas(música eletrônica, carnaval), a ação silenciosa dos espíritos malignos, a obsessão através dos implantes, o trabalho dos especialistas da luz e as ativações espirituais são alguns dos temas narrados nesse romance orientado espiritualmente por Cristopher.

ISBN: 978-85-64463-01-1
Edição: 2ª
Páginas: 168
Formato: 16x23cm

GRANDES MESTRES DA HUMANIDADE
Lições de Amor para a Nova Era
PATRÍCIA CÂNDIDO

É uma busca no passado que traz à tona a herança deixada pelos sábios que atingiram os níveis mais altos de consciência. Talvez a humanidade não perceba que as mensagens de Buddha, Krishna, Gandhi, Jesus e outros seres iluminados nunca foram tão necessárias e atuais. Nesta obra, a autora reúne as propostas de evolução que cinquenta grandes almas apresentaram à humanidade.

ISBN: 978-85-7727-153-5
Edição: 2ª
Páginas: 336
Formato: 16x23cm

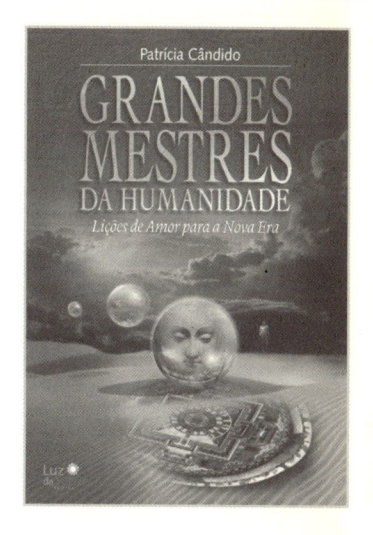

EVOLUÇÃO ESPIRITUAL NA PRÁTICA
BRUNO J. GIMENES E PATRÍCIA CÂNDIDO

É um manual prático que proporciona ao leitor, condições de acelerar sua evolução espiritual, de forma consciente, harmoniosa, inspirando valores para alma, que o faça refletir sobre o sentido da vida e seus aprendizados constantes.

ISBN: 978-85-7727-200-6
Edição: 3ª
Páginas: 344
Formato: 16x23cm

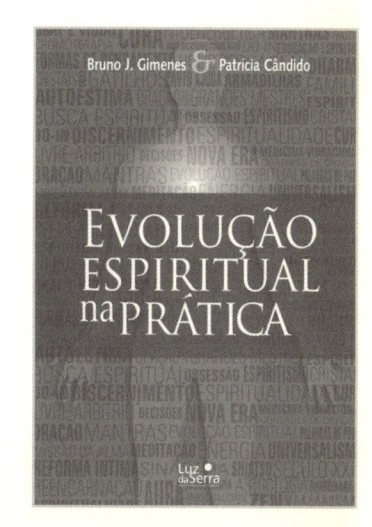

O CRIADOR DA REALIDADE
A vida dos seus sonhos é possível
BRUNO J. GIMENES E PATRÍCIA CÂNDIDO

De forma direta e eficiente, oferece todas as informações que você precisa saber para transformar a sua vida em uma história de sucesso, em todos os sentidos: saúde, relacionamentos, dinheiro, paz de espírito, trabalho e muito mais.

ISBN: 978-85-7727-234-1
Edição: 3ª
Páginas: 128
Formato: 14x21cm

FITOENERGÉTICA
A Energia das Plantas no Equilíbrio da Alma
BRUNO J. GIMENES

O poder oculto das plantas apresentado de uma maneira que você jamais viu.
É um livro inédito no mundo que mostra um sério e aprofundado estudo sobre as propriedades energéticas das plantas e seus efeitos sobre todos os seres

ISBN: 978-85-7727-180-1
Edição: 4ª
Páginas: 304
Formato: 16x23cm

MULHER
A essência que o mundo precisa
BRUNO J. GIMENES

Um novo jeito de pensar e agir a partir das bases amorosas aproxima-se para a humanidade, tendo como centro dessa transformação a energia essencial da mulher. Nesse evento dos planos superiores, a protagonista é a mulher, o ser que consegue armazenar em seu seio, a força das atmosferas sublimes, que é o antibiótico para a bactéria da ignorância mundana.

ISBN: 978-85-7727-251-8
Edição: 2ª
Páginas: 336
Formato: 16x23cm

E O LOBO UIVOU PARA A ÁGUIA
JUAREZ GURDJIEFF

Nesta obra, Juarez Gurdjieff apresenta o assunto da espiritualidade de forma prática e vinculada aos estados psicológicos da vida humana em vários segmentos.
Ao leitor cabe apenas o exercício de compreender e traduzir para a sua vida as reflexões advindas da tradição dos índios. Numa linguagem simbólica entre os animais, o diálogo que se estabelece produzirá benefícios incríveis em sua vida.

ISBN: 978-85-7727-259-4
Edição: 1ª
Páginas: 144
Formato: 16x23cm

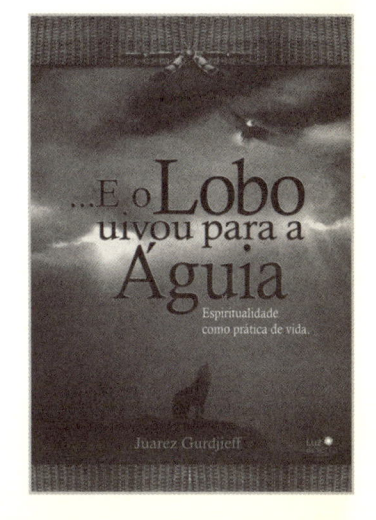

AME QUEM VOCÊ É
Saiba que a melhor escolha é a sua
CÁTIA BAZZAN

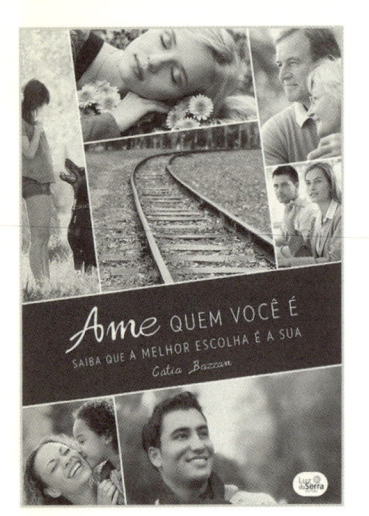

Com a ajuda desta obra, teremos a oportunidade de analisar profundamente as escolhas que fizemos em nossas vidas. Também poderemos conhecer o que é mais importante para estarmos em sintonia com nossa essência, amando e contemplando a nós mesmos.

ISBN: 978-85-64463-02-8
Edição: 1ª
Páginas: 148
Formato: 16x23cm

SINTONIA DE LUZ
A consciência espiritual do século XXI
BRUNO J. GIMENES

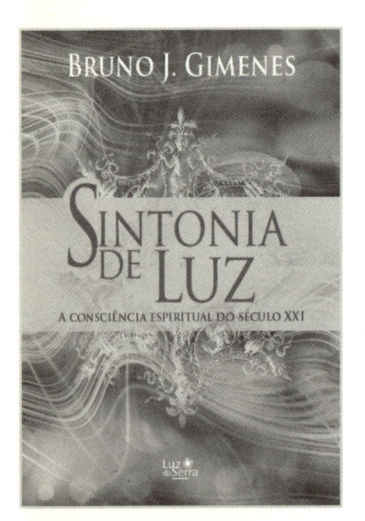

O século XXI, de forma inédita, oferece às pessoas uma liberdade jamais antes imaginada na busca por evolução da consciência. Esse é um presente de Deus para todos os seus filhos e que precisa ser aproveitado com sabedoria. Neste livro, o autor mostra, de forma clara e objetiva, os elementos dessa nova visão de consciência espiritual universalista característica do século XXI, na qual a melhor religião é a do coração e a melhor filosofia é a de fazer o bem.

ISBN: 978-85-64463-01-1
Edição: 2ª
Páginas: 168
Formato: 16x23cm

A LUZ AO SEU LADO
As energias celestes envolvem a Terra
NELSON THESTON

Esta obra age no leitor como um agente de ativação espiritual e conexão com as energias celestias. Um livro para quem busca apoios dos Seres de Luz para sua própria evolução e da humanidade
O que você sentiria com um Arcanjo falando diretamente com você? Capte a vibração de relatos de experiências dos Anjos com os seres humanos. Você já pensou qual é o nível máximo que você quer atingir como alma? E você já sabe até aonde os Anjos podem ajudá-lo a chegar?
Os Anjos – de todas as classes – voltaram para ficar... sempre ao seu lado.

ISBN: 978-85-64463-06-6
Edição: 2ª
Páginas: 192
Formato: 16x23cm

ENCONTRO DE EUS
Um caminho... Uma vida diferente...
DOMÍCIO MARTINS BRASILIENSE

Encontro de Eus propicia a descoberta do Novo Eu. Conduz uma reflexão crítica, abordando aspectos fundamentais para a compreensão do que somos hoje a partir do somatório de fatos, lembranças, noções de amor e opções que fizemos.
Desenvolve a escuta necessária aos nossos sentimentos, preconizando um Eu de possibilidades a novas descobertas e mudanças para a felicidade.

ISBN: 978-85-64463-07-3
Edição: 1ª
Páginas: 128
Formato: 14x21cm

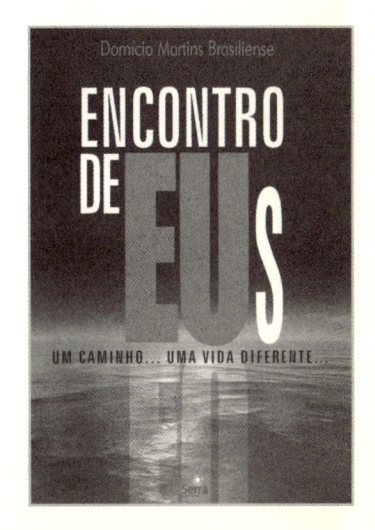

Luz da Serra

UNIVERSO HOLÍSTICO, EVOLUÇÃO E CONSCIÊNCIA

MISSÃO

A equipe **Luz da Serra** está sempre empenhada em estimular a formação de uma "massa crítica" de pessoas que tenham como objetivo proporcionar um despertar para uma nova consciência elevada de paz interior, equilíbrio, autoconhecimento, atitudes positivas e sucesso pessoal.

O nosso foco é apoiar todos aqueles que queiram obter um nível elevado de equilíbrio e consciência, para que encontrem suas missões, em outras palavras, estamos empenhados em ajudar as pessoas a se ajudarem, e encontrarem seus caminhos de prosperidade e alegria plena.

Nossa equipe valoriza a busca contínua por crescimento e aprendizado pessoal, através do respeito nas relações, das ações otimistas, sempre dedicadas a uma causa comum: a evolução do planeta e de todos os seres que aqui vivem.

Acreditamos que nenhum de nós é tão bom quanto todos nós juntos!

NOSSAS RELAÇÕES

Nossa equipe acredita na formação de parcerias constantes que tenham como objetivo o bem comum, a evolução de todos, sempre na sintonia da harmonia e da tranquilidade.

Acreditamos que a comunicação direta, transparente, sincera, lapidada com amor é uma grande aliada na formação de alianças para o desenvolvimento de nossos objetivos.

Estamos abertos a todas as pessoas e todos os tipos de parcerias, desde que vibrem pelos mesmos princípios, valores éticos e propósitos comuns.

Todas as nossas relações e parcerias só se justificam se conseguirem manter ou aumentar a harmonia de grupo e a força coletiva, sendo imprescindível que se respeite o objetivo maior que é a evolução espiritual de todos, regada com amor, respeito e discernimento.

CURSOS E PALESTRAS
COM A PROFESSORA PATRÍCIA CÂNDIDO

Patrícia Cândido ministra cursos e palestras sobre a temática da espiritualidade, terapias naturais e evolução da consciência.

Os conteúdos são originais e se destacam pela capacidade de gerar nas pessoas um intenso movimento de despertar de potenciais, de cura emocional, motivação, superação e transformação de hábitos, atitudes e conquista de metas.

Patrícia desenvolve os temas com uma capacidade ímpar de consolidar os ensinamentos em aprendizados práticos e efetivos.

Juntamente com Bruno J. Gimenes, escritor e professor que também é fundador do Luz da Serra, ministra cursos em mais de cinquenta cidades do Brasil.

Patrícia também é co-fundadora dos cursos à distância Luz da Serra (http://ead.luzdaserra.com.br) e do Portal Luz da Serra (www.luzdaserra.com.br), que oferece o maior conteúdo na internet sobre a temática da espiritualidade.

Conheça todas as opções de cursos e as datas dos próximos eventos no Portal Luz da Serra.
Acesse www.luzdaserra.com.br/cursos

Transformação pessoal, crescimento contínuo, aprendizado com equilíbrio e consciência elevada.

Essas palavras fazem sentido para você?

Se você busca a sua evolução espiritual, acesse os nossos sites e redes sociais:

www.luzdaserra.com.br
www.luzdaserraeditora.com.br

www.facebook.com/luzdaserraonline

www.instagram.com/luzdaserraeditora

www.youtube.com/Luzdaserra

Luz da Serra
EDITORA

Rua Rio Branco, 802 – Bairro Logradouro
Nova Petrópolis / RS – CEP 95150-000
Fone: (54) 3281-4097 / (54) 9156-0844
E-mail: suporte@luzdaserra.com.br